COURS COMPLET
de
FRANÇAIS VIVANT

par

Lee Woo-Dong

en collaboration avec

Kim Yong-Hun
Lee Whan
Chung Pyong-Hi
Chung Soon-Chul
Hong Seung-O

Shinasa

일러두기

이 책은 대학의 프랑스어교재용으로 엮은 것이다.
이 책을 엮으면서 저자는 특히 문법부분과 독본부분을 어떻게 유기적으로 연결시켜서 융합시키느냐에 하는 점에 신경을 썼다. 문법에 치중하다 보면 너무 딱딱해져서 학생들이 학습 의욕을 상실해 버릴 우려가 있으며 독본에만 치우치다 보면 문법사항의 보충설명에 가뜩이나 부족한 시간의 대부분을 빼앗길 것이 염려되었기 때문이다.
연습문제는 과마다 넣어서 새로 나온 문제를 반복해서 정리하도록 배려했고 5과가 끝날 때마다 다시 복습란을 두어 종합정리 또는 숙제를 하는데 편리하도록 꾸며 보았다. 그리고 Textes compléraires를 첨가하여 되도록 많은 단어와 문장을 보완하도록 했다. 끝에는 Textes littéraires를 붙여 문호文豪들의 향기 높은 명문을 직접 감상해 볼 수 있도록 하였으며 Questionnaires를 두어 내용의 이해에 도움을 주려고 노력했다.
우리나라 대학의 실정에 비추어 내용은 너무 문어에 치우치지 않고 일상생활에 흔히 쓰이는 유연한 표현법을 몸에 익히도록 구어적 표현도 많이 다루려고 신경을 썼다.
끝으로 이 책을 집필 간행하도록 적극 권장하여 주시고 후원해 주신 신아사 정석균 사장님과 편집에 애써 주신 이종세 선생께 감사의 뜻을 표하는 바이다.

저자 識

TABLE DES MATIÈRES

Textes littéraires

ALPHABET

A	**a**	[ɑ]	**J**	**j**	[ʒi]	**S**	**s**	[ɛs]
B	**b**	[be]	**K**	**k**	[ka]	**T**	**t**	[te]
C	**c**	[se]	**L**	**l**	[ɛl]	**U**	**u**	[y]
D	**d**	[de]	**M**	**m**	[ɛm]	**V**	**v**	[ve]
E	**e**	[e, ə]	**N**	**n**	[ɛn]	**W**	**w**	[dubləve]
F	**f**	[ɛf]	**O**	**o**	[o]	**X**	**x**	[iks]
G	**g**	[ʒe]	**P**	**p**	[pe]	**Y**	**y**	[igrɛk]
H	**h**	[aʃ]	**Q**	**q**	[ky]	**Z**	**z**	[zɛd]
I	**i**	[i]	**R**	**r**	[ɛ:r]			

◆ *Les signes orthographiques*

[´]	l'accent aigu	é
[`]	l'accent grave	à, è, ù
[ˆ]	l'accent circonflexe	â, ê, î, ô, û
[¸]	la cédille	ç (garçon, français)
[¨]	le tréma	ë, ï, ü
[']	l'apostrophe	l'école, l'avion
[-]	le trait d'union	(arc-en-ciel, est-ce que)

◆ *Les signes de ponctuation*

[.]	le point	[!]	le point d'exclamation
[,]	la virgule	[...]	les points de suspension
[;]	le point et virgule	[—]	le tiret
[:]	les deux points	[( )]	les parenthèses
[?]	le point d'interrogation	[« »]	les guillemets

PRONONCIATION

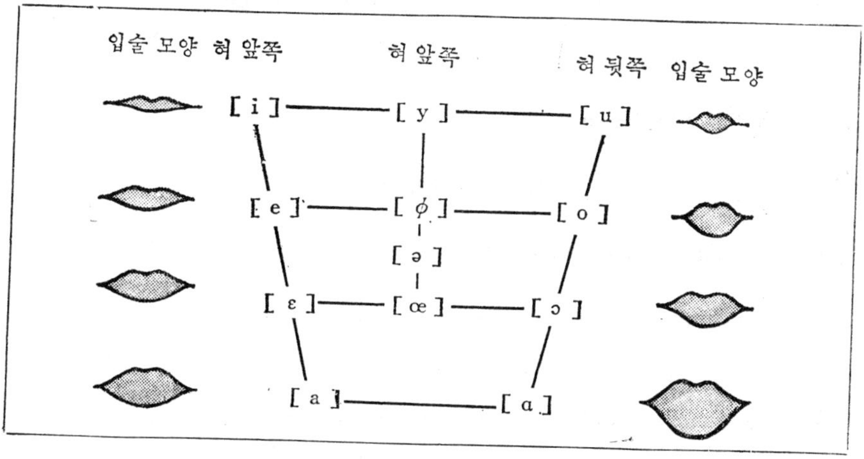

1 *Voyelles orales simples*

[i]	s*i*	m*i*d*i*	st*y*le
[e] (*fermé*)	*été*	n*ez*	
[ɛ] (*ouvert*)	f*ê*te	m*è*re	m*ai*s
[a] (*antérieur*)	l*a*	C*a*n*a*d*a*	t*a*ble
[ɑ] (*postérieur*)	p*a*s	*â*me	p*â*te
[ɔ] (*ouvert*)	r*o*be	c*o*l	
[o] (*fermé*)	zér*o*	d*o*s	*au*
[u]	*ou*	s*ou*pe	g*oû*t

2 *Voyelles orales compoéses*

[y] (=[u] *pour les lèvres,* [i] *pour la langue*)

f*u*t*u*r s*u*r m*u*se

[ø] (=[o] *pour les lèvres,* [e] *pour la langue*)

bl*eu* p*eu* nev*eu*

[œ] (=[ɔ] *pour les lèvres,* [ɛ] *pour la langue*)

n*eu*f s*œu*r doct*eu*r

3 *e (dit muet)*

[ə] c*e*la p*e*tit pr*e*mier

4 *Voyelles orales nasales*

[ɛ̃] (*produit avec la voyelle orale simple* [ɛ])

pa*in* sa*in*t v*in*

[ɑ̃] (*produit avec la voyelle orale simple* [ɑ])

s*an*té l*am*pe *en*s*em*ble

[ɔ̃] (*produit avec la voyelle orale simple* [ɔ])

d*on*t s*on* p*om*pe

[œ̃] (*produit avec la voyelle orale simple* [œ])

l*un*di auc*un* parf*um*

5 *Semi-voyelles*

[w] *ou*i *ou*est L*ou*is

[ɥ] l*u*i n*u*age, us*u*el

[j] p*i*ano p*i*ed b*i*ologie

6 *Consonnes*

[b] *b*as *b*é*b*é

[d] *d*ame *d*es

[f] *f*ort *ph*iloso*ph*ie

[g]	*g*arçon	*g*oût	*g*rand		
[ʒ]	*j*oli	*g*ilet	*G*eor*g*es		
[k]	*c*afé	*c*oq	*qu*i	*k*ilo	[é*ch*o]
[l]	*l*ait	*l*ivre	*l*oi	vi*ll*e	
[m]	*m*e	*m*ur*m*ure	*m*ada*m*e		
[n]	*n*i	*n*ature	ca*nn*e		
[p]	*p*ain	*p*ure	*p*remier	o*b*tenir	
[r]	o*r*	*r*i*r*e	ma*r*b*r*e		
[s]	*s*i	*c*e	commen*ç*ons		[*s*i*x*]
[t]	*t*u	*th*éâ*t*re	*t*erre	*t*rès	
[v]	*v*ie	*v*erre	vi*v*re	*v*oix	
[z]	di*s*ons	*z*éro			[di*x*ième]
[ʃ]	*ch*at	*ch*ose			[*sch*éma]
[ɲ]	monta*gn*e	co*gn*ac	si*gn*al		

1ère (Première) LEÇON

◆ *L'article indéfini*

Singulier		*Pluriel*
Masculin	*Féminin*	*Masculin et Féminin*
un	une	des
(un frère)	(une sœur)	(des frères, des sœurs)

C'est... Ce sont... Voici... Voilà... Qu'est-ce que c'est?

C'est un homme.
C'est une femme.

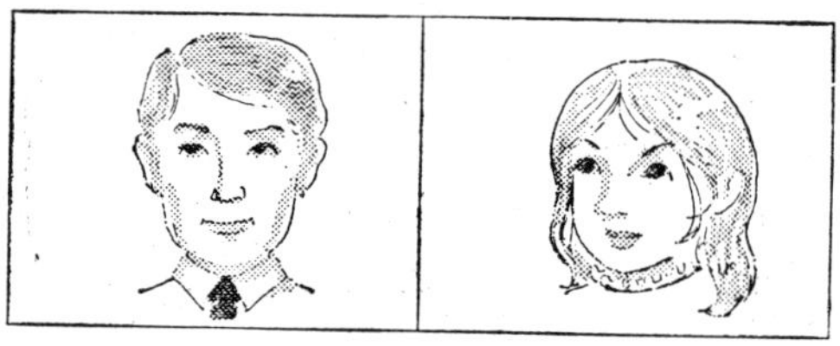

C'est un garçon.
C'est une fille.

Voici un étudiant.
Voilà une étudiante.

---

c'est un homme[setœ̃nɔm]
un frère[œ̃ frɛ:r]
un garçon[œ̃ garsɔ̃]
voici[vwasi]
un étudiant[œ̃netydjɑ̃]

c'est une femme[setynfam]
une sœur[yn sœ:r]
une fille[yn fij]
voilà[vwala]
une étudiante[ynétydjɑ̃:t]

Qu'est-ce que c'est?

C'est un livre.

Qu'est-ce que c'est?

C'est une plume.

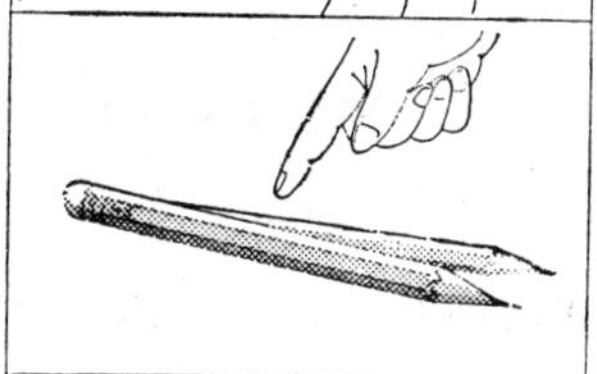

Qu'est-ce que c'est?

Ce sont des crayons.

Qu'est-ce que c'est?

Ce sont des gommes.

Qu'est-ce que c'est?

C'est un appartement.

Qu'est-ce que c'est?

C'est une maison.

Ce sont des arbres.

Ce sont des fleurs.

Qu'est-ce que c'est[kɛs kə sɛ]
une plume[yn plym]
un crayon[œ̃ krɛjɔ̃]
un appartement[œ̃napartəmɑ̃]
un arbre[œ̃narbr]
un livre[œ̃ li:vr]
Ce sont[sə sɔ̃]
une gomme[yn gɔm]
une maison[yn mɛzɔ̃]
une fleur[yn flœ:r]

◆ *Prononciation*

c	[s]	**ce, ci, cy**	: *ce*tte	*ci*néma	*cy*gne
		ça, ço, çu	: *ça*	le*ço*n	re*çu*
	[k]	—**ca, co, cu**	: *ca*hier	*co*l	*cu*re
g	[g]	**ga, go, gu**	: *ga*rçon	*go*mme	lé*gu*me
		gue, gui, guy	: lan*gue*	*gui*de	*Guy*
	[ʒ]	**ge, gi, gy**	: rou*ge*	*gi*let	*gy*mnase
		gea, geo, geu	: man*gea*nt	*Geo*rge	voya*geu*r

oi[wa]—v*oi*là, m*oi*, s*oi*r, Franç*oi*s[frɑ̃swa]

oin[wɛ̃]—*coin*, tém*oin*

en [ɑ̃]—*en*core, s*en*timent

◆ *Devoirs*

1 빈 칸에 부정관사를 넣으라.

1. C'est ______ règle.
2. Voici ______ cahier.
3. Voilà ______ gomme.
4. Ce sont ______ stylos.
5. C'est ______ plume.
6. Voilà ______ crayon.
7. Voici ______ étudiante.
8. Ce sont ______ garçons.

2 *Qu'est-ce que c'est?*

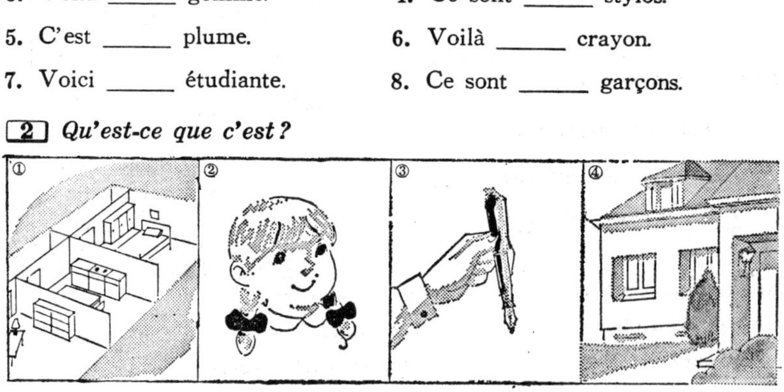

---

une règle[yn rɛgl]　　un cahier[œ̃ kaje]　　un stylo[œ̃ stilo]

2ᵉ (Deuxième) LEÇON

◆ Le verbe AVOIR (*Indicatif présent*)

	Singulier	*Pluriel*
1ère *Personne*	J' ai	Nous avons
2e *Personne*	Tu as	Vous avez
3e *Personne*	Il a Elle a	Ils ont Elles ont

J'ai un costume.

Tu as un pantalon.

Voilà Jacques, il a aussi un pantalon.

Voilà Véronique, elle a une jupe.

J'ai cinq cravates.

Tu as sept cravates.

Nous avons beaucoup de cravates, mais il a peu de cravates.

---

un costume[œ̃ kɔstym]
aussi[osi]
une cravate[yn kravat]
un pantalon[œ̃ pɑ̃talɔ̃]
Véronique[verɔnik]
beaucoup de[boku də]
Jacques[ʒa:k]
une jupe [yn ʒyp]
peu[pø]

Ils ont des chaussettes, mais elles ont des bas.

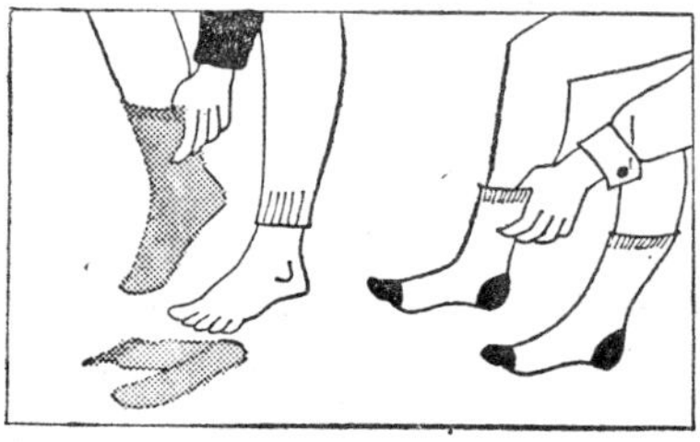

◆ *Nombres*

0=zéro[zerɔ]	6=six[sis]
1=un[œ̃], une[yn]	7=sept[sɛt]
2=deux[dø]	8=huit[ɥit]
3=trois[trwɑ]	9=neuf[nœf]
4=quatre[katr]	10=dix[dis]
5=cinq[sɛ̃:k]	

※ *Attention !*

5 :	cinq cravates[sɛ̃ kravat]	cinq ‿ hommes
6 :	six pantalons[si pɑ̃talɔ̃]	six ‿ hommes
7 :	sept jupes[sɛt ʒyp]	sept ‿ hommes
8 :	huit costumes[ɥi kɔstym]	huit ‿ hommes
9 :	neuf chaussettes[nœf ʃosɛt]	neuf ‿ heures (f→v)
10 :	dix bas[di bɑ]	dix ‿ étudiants

---

une chaussette[yn ʃosɛt] un bas[œ̃ bɑ] une heure[yn œ:r]

◆ *Prononciation*

ai [ɛ,e]: j'*ai* [e]   *ai*mer   pl*ai*ne [ɛ]

au { [o]: *au*ssi   *au*tre   p*au*vre   h*au*t
  { [ɔ]: *au*rore   *au*tel   *au*to

eau [o]: b*eau*,   chap*eau*   nouv*eau*

consonnes finales: a*s*, mai*s*, beaucou*p*, cravate*s*, ave*z*

◆ *Devoirs*

1 빈 칸에 Avoir 동사를 넣으라.

1. Ils ________ aussi beaucoup de cravates.
2. Véronique ________ des bas.
3. Tu ________ six stylos.
4. Vous ________ peu de crayons.
5. J' ________ une jupe.
6. Il ________ un costume.
7. Nous ________ des chaussettes.
8. Elles ________ huit plumes.

2 *Qu'est-ce que c'est?*

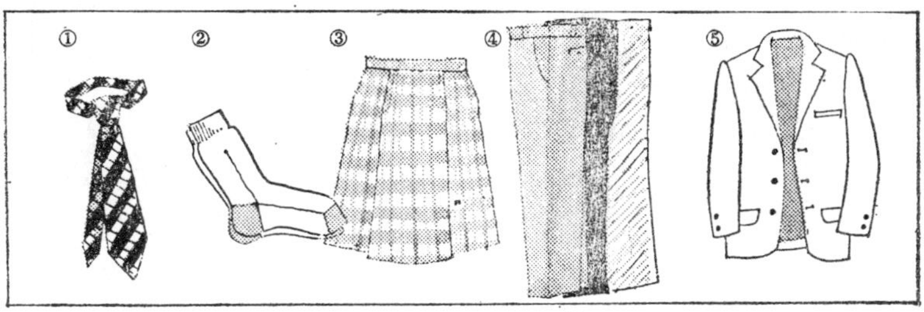

3e (Troisième) LEÇON

◆ Le verbe AVOIR (fin)

Forme négative			*Forme interrogative*
Je	**n'**ai	**pas**	Ai-je ?
Tu	**n'**as	**pas**	As-tu ?
Il	**n'**a	**pas**	A-**t**-il ?
Elle	**n'**a	**pas**	A-**t**-elle ?
Nous	**n'**avons	**pas**	Avons-nous ?
Vous	**n'**avez	**pas**	Avez-vous ?
Ils	**n'**ont	**pas**	Ont-ils ?
Elles	**n'**ont	**pas**	Ont-elles ?

◆ La préposition: DE

J'ai **un** costume.	Il a **des** cravates.
Je **n'**ai pas **de** costume.	Il **n'**a pas **de** cravates.

◆ Est-ce que... ?

Tu as une cigarette.
Est-ce que tu a une cigarette ?

« Bonjour Jean, as-tu une cigarette ? »

— Tiens ! Voilà un paquet.

« Merci. Est-ce que tu as des allumettes ? »

---

bonjour[bɔ̃ʒu:r]
tiens[tjɛ̃]
est-ce que[ɛskə]
Jean[ʒɑ̃]
un paquet[œ̃ pakɛ]
une allumette[ynalymɛt]
une cigarette[yn sigarɛt]
merci[mɛrsi]

—Non, je n'ai pas d'allumettes. Voilà un briquet.

« Merci. As-tu un stylo ? »

—Oui, j'ai un stylo.

« Est-ce que tu as ausssi une enveloppe ? »

—Non, je n'ai pas d'enveloppe.

« Marie et Pierre, avez-vous des leçons aujourd'hui ? »

—Oui, nous avons quatre leçons et des devoirs.

---

non[nɔ̃]　je n'ai pas d'allumettes[ʒənepadalymɛt]
un briquet[œ̃ brikɛ]　oui[wi]　une enveloppe[ynɑ̃vlɔp]
une leçon[yn ləsɔ̃]　aujourd'hui[oʒurdɥi]　un devoir[œ̃ dəvwa:r]
Marie et Pierre[mari e pjɛ:r]

◆ *Prononciation*

ou [u]:	*où*	am*our*	*sou*pe	
ien [jɛ̃]:	b*ien*	Paris*ien*	r*ien*	
예외 [jɑ̃]: Or*ient*				
qu [k]:	*qu*atre	*qu*elque	*qu*estion	
q [k]:	cin*q*			
u+모음[ɥ]:	aujourd'h*ui*	s*ui*s	h*ui*t	S*uè*de

◆ *Devoirs*

1 다음 문장을 의문형으로 고치라.

1. Il a un briquet.
2. C'est une cigarette.
3. Ils ont des cravates.
4. Tu as un costume.
5. Ce sont des allumettes.
6. Elles ont beaucoup de mini-jupes.

2 다음 문장을 부정형으로 고치라.

1. Il a une cravate.
2. Elle a des stylos.
3. Tu as une enveloppe.
4. Vous avez des devoirs.
5. J'ai un pantalon.
6. Nous avons des costumes.

4e (*Quatrième*) *LEÇON*

◆ *Le verbe ÊTRE*

Je suis	Je ne suis pas	Suis-je?
Tu es	Tu n'es pas	Es-tu?
{Il est	{Il n'est pas	{Est - il?
{Elle est	{Elle n'est pas	{Est - elle
Nous sommes	Nous ne sommes pas	Sommes-nous?
Vous êtes	Vous n'êtes pas	Etes-vous?
{Ils sont	{Ils ne sont pas	{Sont-ils?
{Elles sont	{Elles ne sont pas	{Sont-elles?

◆ *L'article défini*

	Singulier	*Pluriel*
Masculin	le	les
Féminin	la	

◆ *L'élision*

Je **ai**. → **J'ai**
Je **ne ai** pas. → Je **n'ai** pas.
Je **ne ai** pas **de** encrier. → Je **n'ai** pas **d'**encrier.
le, la →**l'** (모음 또는 묵음h 앞에서) le étudiant → **l'étudiant**
la étudiante → **l'étudiante**
de →**d'** de homme → **d'h**omme

◆ *La forme interrogative*

Il est étudiant. → **Est-il** étudiant?
Est-ce qu'il est étudiant?
Paul est étudiant. → **Paul est-il** étudiant?
Est-ce que Paul est étudiant?

---

un encrier[œ̃nɑ̃krje]

« Monsieur Durand est-il ici ? »

—Non, Monsieur, il n'est pas ici, il est à l'usine.

« Est-il marié ? »

—Oui, Monsieur, il est marié et il a trois enfants.

« A-t-il des garçons ou des filles ? »

—Il a une fille et deux garçons.

« Sont-ils ici ? »

—La fille est à l'école, mais les fils sont à la maison.

« Le professeur et la fille sont-ils dans la cour de l'école ? »

—Non, ils ne sont pas dans la cour, ils sont dans la classe.

« Est-ce un peigne ? »

—Non, Monsieur, ce n'est pas un peigne, ce sont des lunettes.

« Est-ce que c'est un couteau ? »

—Non, ce n'est pas un couteau. C'est un sac à main.

---

monsieur[məsjø]	Durand[dyrɑ̃]	ici[isi]
à[a]	une usine[yn yzin]	marié[marje]
et[e]	un enfant[œ̃nɑ̃fɑ̃]	ou[u]
la[la]	une école[yn ekɔl]	les[le]
un fils[œ̃ fis]	le[lə]	professeur[prɔfɛsœ:r]
dans la cour[dɑ̃ la ku:r]	une classe[yn klɑ:s]	un peigne[œ̃ pɛɲ]
des lunettes[de lynɛt]	un couteau[œ̃ kuto]	un sac à main[œ̃ sakamɛ̃]

◆ *Prononciation*

eu [œ]:	n*eu*f	h*eu*re	fl*eu*r	profess*eu*r
eu [ϕ]:	p*eu*	d*eu*x	bl*eu*	heur*eux*
mouillé [-j]:	f*ille*	fam*ille*	sole*il*	trav*ail*
ei [ɛ]:	p*ei*ne	n*ei*ge		
gn [ɲ]:	pei*gn*e	monta*gn*e	a*gn*eau	ma*gn*ifique
e *finale:*	[ə] 또는 발음되지 않음.			
단음절 : [ə]	le	de	ce	que
둘 이상의 음절:	livr*e*	tabl*e*	plum*e*	étudiant*e*

◆ *Devoirs*

1 빈 칸에 정관사를 넣으라.

1. ________ maison
2. ________ enfants
3. ________ usines
4. ________ école
5. ________ cour
6. ________ lunettes

2 다음 문장을 의문형으로 고치라.

Ex.* *Suis-je...?* *Est-ce que je suis...?* *Paul est-il...?

1. Vous êtes dans la classe.
2. La fille est à l'école.
3. Les garçons sont à la maison.
4. Elles sont dans la cour.
5. Jean est à la maison.
6. Nous sommes dans la cour.
7. Le professeur et Jacques sont à l'école.

3 다음 물음에 (a) 긍정형으로, (b) 부정형으로 답하라.

1. Etes-vous à la maison?
2. Est-ce que le professeur est marié?
3. Est-ce que la fille est dans la cour?
4. Le professeur et la fille sont-ils dans la classe?
5. Est-elle dans la salle de classe?

5e (*Cinquième*) *LEÇON*

◆ *où*

Où est...?	Où sont...?
Où est-il?	Où sont les valises?

◆ *Les prépositions*

sur	sous	dans	devant	derrière

« Qu'est-ce que c'est? »
—C'est une auto.
« Où est la valise? »
—La valise est sur l'auto.
« Où est le mécanicien? »
—Le mécanicien est sous l'auto.
« Où sont les enfants? »
—Ils sont dans l'auto.

---

une auto[yn ɔto]　la valise[la vali:z]　sur[sy:r]
le mécanicien[lə mekanisjɛ̃]　sous[su]

« Où est le chauffeur ? »

—Il est devant l'auto.

« Où est la caisse ? »

—Elle est derrière l'auto.

« Où est l'agent de police ? »

—Il est aussi derrière l'auto.

« Où sont les outils ? »

—Ils sont dans la caisse.

« Où est la table? »

—La table est devant la chaise.

« Est-ce que le chauffeur est devant la chaise ? »

—Non, Monsieur, il n'est pas devant la chaise. Il est derrière la chaise.

◆ *Prononciation*

s entre deux voyelles: [z]		vali*s*e	mai*s*on	ro*s*e	Deni*s*e
ch	[ʃ]:	*ch*auffeur	*ch*apeau	*ch*ou	diman*ch*e
	[k]:	*ch*rétien	*Ch*rist	é*ch*o	or*ch*estre

Liaison:

d→[t]: gran*d* arbre

f→[v]: neu*f* heures

g→[k]: lon*g* hiver

s→[z]: le*s* enfants si*x* hommes de*s* étudiants

---

le chauffeur[lə ʃofœ:r]	devant[dəvɑ̃]	la caisse[la kɛs]
derrière[dɛrjɛ:r]	un agent [œ̃naʒɑ̃]	
un outil[œ̃nuti]	une table[yn tabl]	une chaise[yn ʃɛ:z]

◆ *Devoirs*

1 그림을 보고 답하라.

1. ***Où est le garçon ?***

2. *Où est Véronique ?*

2 빈 칸에 être 동사를 채우라.

1. Où ________ les enfants?
2. Où ________ la caisse?
3. Les outils ________ dans la caisse.
4. Tu ________ derrière l'auto.
5. Jean et Véronique ________ devant l'auto.

Qu'est-ce que c'est ?

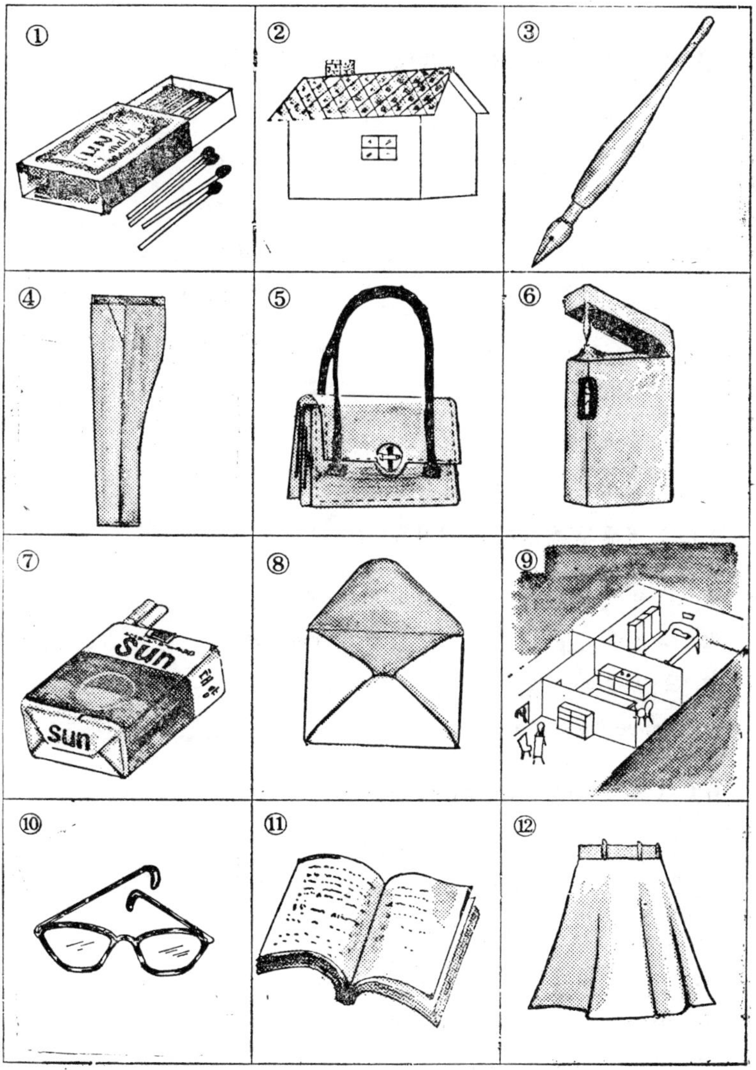

Révision

(leçons 1—5)

1 빈 칸에 (a)부정관사, (b)정관사를 넣으라.

	(a)	(b)	
1.	__________	______	auto.
2.	__________	______	garçons.
3.	__________	______	fille.
4.	__________	______	homme.
5.	__________	______	stylos.
6.	__________	______	encrier.
7.	__________	______	caisse.
8.	__________	______	costume.

2 빈 칸에 부정관사와 명사를 넣으라.

1. J' ai __________ et tu as __________.
2. Ils ont __________ mais elles ont __________.
3. Avez-vous __________?
4. Est-ce qu'elle a __________?

3 빈 칸에 être 또는 avoir 동사를 넣으라.

1. Nous n' ______ pas d'auto.
2. ______-elle beaucoup de devoirs?
3. ______-vous à l'école?
4. ______-il un pantalon?
5. Ils ______ dans la classe.
6. Où ______ l'agent?
7. ______-vous une auto?

Révision

4 다음 문장을 의문형으로 고치고 부정형으로 답하라.

1. Le professeur est dans la cour.
2. Ce sont des allumettes.
3. Le garçon a un peigne.
4. Nous avons beaucoup de cravates.

5 작문

1. 베로니크는 바지를 가지고 있읍니까?
2. 오늘 우리에게 많은 숙제가 있읍니다.
3. 운전사는 세 아이가 있읍니다. 한 아들과 두 딸이 있읍니다.
4. 우리들은 집에 있읍니다.
5. 그들은 공장에 있읍니까? 아니요, 공장에 있지 않고 학교에 있읍니다.
6. 나는 넥타이와 바지와 라이터와 그리고 양복을 가지고 있지만 치마는 없읍니다.

6 그림을 보고 대화를 만들라.

6e (*Sixième*) LEÇON

◆*Le féminin des adjectifs qualificatifs*

masculin+**e**=féminin: grand →grand**e**
N B.: jaun*e*, ros*e*, roug*e*, etc.
un chapeau roug*e*, une robe roug*e*

◆ *Le pluriel des noms*

___+s	familles, pommes	___au, ___eu, ___eau	→+x	noyau→noyau**x**, jeu→jeu**x**, bureau→bureau**x**
___s	succè**s**→→succè**s**	___al	→aux	journal→journ**aux**
___x	voi**x**→voi**x**			
___z	ne**z**→ne**z**			

Voici une photo de la famille Dupont.

Le père est grand; le fils est encore petit. La mère est grande et la fille est petite. Elles sont blondes.

— Le père a-t-il une cravate rouge?

— Non, Monsieur, il a une cravate bleue, mais le fils a une cravate brune et jaune.

La robe de la mère est verte, mais la blouse et la jupe de la fille sont grises. L'habit de Monsieur Dupont est noir. Le gilet, le veston et le pantalon de Marcel sont bruns.

Madame Dupont a un sac blanc. Elle est élégante.

---

une photo[yn fɔto](←photographie) la famille Dupont[la famij dypɔ̃]
le père[lə pɛ:r] grand(e)[grɑ̃(:d)] le fils[lə fis]
encore[ɑ̃kɔ:r] petit(e)[pəti(t)] la mère[la mɛ:r]
blonde[blɔ̃:d] rouge[ru:ʒ] bleu(e)[blø]
brun(e)[brœ̃(bryn)]

◆ *Prononciation*

un [œ̃]: *un* br*un* l*un*di

e [ə]: l*e* d*e* p*e*tit

e [e]: l*e*s d*e*s n*ez* pi*e*d

e [ɛ]: ch*e*f m*e*r Marc*e*l

s [z]: de*s* *a*llumettes le*s* *a*llumettes

s [z]: de*s* *é*tudiants le*s* *é*tudiants

s [z]: il*s* *o*nt elle*s* *o*nt

[r] 혀 앞부분이 윗이나 그 뒤 부분에 닿으면 안된다.

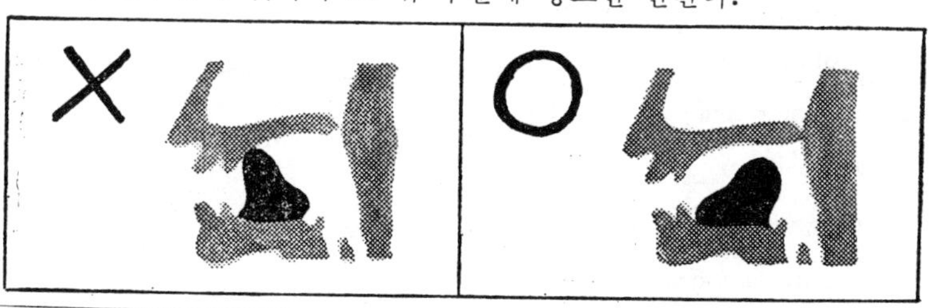

---

jaune[ʒo:n]	la robe[la rɔ:b]	vert(e)[vɛ:r(vɛrt)]
gris(e)[gri(:z)]	un habit[œ̃nabi]	noir[nwa:r]
le gilet[lə ʒilɛ]	le veston[lə vɛstɔ̃]	Marcel[marsɛl]
Madame[madam]	blanc[blɑ̃]	élégant(e)[elegɑ̃(:t)]

◆ *Devoirs*

1 다음 형용사를 남성형으로 고치라.

1. verte 2. grise 3. élégante
4. petite 5. blonde 6. bleue

2 다음 형용사를 여성형으로 고치라.

1. brun 2. noir 3. jaune
4. grand 5. petit 6. rouge

3 다음 문장을 복수로 고치라.

1. Le père a un briquet gris.
2. Je suis grand.
3. Tu es élégante.
4. C'est un habit noir.
5. Le fils a une cravate rouge.
6. Il n'a pas de jupe.

4 빈 칸에 색채를 나내타는 형용사를 넣으라.

1. Le costume de Marcel est ________.
2. Les robes sont ________ et ________.
3. Le pantalon est ________________.
4. La table est ________________.
5. La cravate est ________________.
6. Le sac de la mère est ________________.

7e (*Septième*) LEÇON

◆ *Il y a*

I. Il y a... Y a-**t**-il...? Il n'y a pas...

II. *quelqu'un* ⟷ *ne...personne*

Y a-t-il *quelqu'un* dans le salon?

— Non, il *n'*y a *personne.*

quelque chose ⟷ *ne...rien*

Y a-t-il *quelque chose* sous la table?

— Non, il *n'*y a *rien.*

III. des+형용사+명사 ⟶ **de**+형용사+명사

des fleurs ⟶ *de* jolies fleurs

des enfants ⟶ *de* petits enfants

Voici une salle de classe. Elle est grande. Elle a cinq fenêtres et une porte. Dans la classe, il y a des tables et des bancs pour les élèves, un bureau et une chaise pour le professeur. Il y a aussi une bibliothèque pour les livres et une discothèque pour les disques. Nous avons une radio, un tourne-disque et un magnétophone pour étudier les leçons de français. Sur la bibliothèque, il y a un vase avec des fleurs. En face des élèves, sur le mur, sont un tableau noir et une grande carte de France.

---

une bibliothèque[yn bibliɔtɛk] une discothèque[yn diskɔtɛk]
un disque[œ̃ disk] une radio[yn radjo]
un tourne-disque[œ̃ turnədisk] étudier[etydje]
français[frɑ̃sɛ] un vase[œ̃ vɑ:z] avec[avɛk]
en face[ɑ̃ fas] un tableau noir[œ̃ tablo nwa:r]
une carte[yn kart] la France[la frɑ̃:s]

— Mademoiselle, y a-t-il des élèves dans la classe ?
— Oui, Monsieur, il y a des élèves dans la classe.
— Qu'y a-t-il dans le vase ?
— Dans le vase, il y a de jolies fleurs.
— Y a-t-il quelqu'un sur la chaise ?
— Non, il n'y a personne.
— Y a-t-il quelque chose sur la table ?
— Non, il n'y a rien.

---

mademoiselle[madmwazɛl]
joli[ʒɔli]
personne[pɛrsɔn]
la fenêtre[la fnɛtr]
un banc[œ̃ bɑ̃]
une chaise[yn ʃɛ:z]
qu'y a-t-il ? [kjatil]
une fleur[yn flœ:r]
quelque chose[kɛlkəʃo:z]
la porte[la pɔrt]
pour[pu:r]
quelqu'un[kɛlkœ̃]
rien[rjɛ̃]
il y a[ilja]
les élèves[lezelɛ:v]

◆ *Prononciation*

[ɛ̃]				
	in	*cinq*	v*in*	mat*in*
	im	s*im*ple	*im*possible	*im*portant
	yn	s*yn*dicat	s*yn*taxe	s*ym*phonie
	ym	s*ym*bole		

◆ *Devoirs*

1 빈 칸에 Avoir 동사를 넣으라.

1. Il ______ beaucoup de tables.
2. Y ______ -il un vase?
3. Nous ________ une bibliothèque.
4. Les étudiants ________ des stylos.
5. Tu ______ des cravates.
6. Est-ce que Jacques ______ des disques?

2 빈 칸에 부정관사를 넣으라.

1. Nous avons ______ radio.
2. Il y a ______ jolies fleurs.
3. Ils n'ont pas ______ disques.
4. As-tu ______ tourne-disque?
5. Vous avez ______ livres.
6. Il n'y a pas ______ élèves devant la carte de France.

3 다음 문장을 의문형으로 고치고 부정형으로 답하라.

1. Il y a quelque chose sur la table.
2. J'ai des fleurs dans le vase.
3. Les étudiants sont dans le jardin.
4. Il y a des disques dans la discothèque.
5. Vous avez une radio.
6. Elles ont un tourne-disque.

8e (*Huitième*) LEÇON

◆ Le verbe *AIMER* (*1er groupe*)

J' aim**e**	Je n'aime pas	Est-ce que j'aime ?
Tu aim**es**	Tu n'aimes pas	Aimes-tu ?
(Il aim**e**	(Il n'aime pas	(Aime-t-il ?
(Elle aim**e**	(Elle n'aime pas	(Aime-t-elle ?
Nous aim**ons**	Nous n'aimons pas	Aimons-nous ?
Vous aim**ez**	Vous n'aimez pas	Aimez-vous ?
(Ils aim**ent**	(Ils n'aiment pas	(Aiment-ils ?
(Elles aim**ent**	(Elles n'aiment pas	(Aiment-elles ?

◆ Les articles contractés

de le =du de les=des de la =de la de l' =de l'	Voici la masion **du** professeur. Voilà les livres **des** élèves. C'est la fenêtre **de la** chambre. Il est dans la cour **de l'**école.
à le =au à les=aux à la =à la à l' =à l'	**Au** rez-de-chaussée, il y a trois chambres. Il y a des fleurs **aux** fenêtres. Il est **à la** maison. Elle est **à l'**école.

◆ Nombres

11=onze	[ɔ̃:z]	16=seize	[sɛ:z]
12=douze	[du:z]	17=dix-sept	[dis[s]ɛt]
13=treize	[trɛ:z]	18=dix-huit	[dizɥit]
14=quatorze	[katɔrz]	19=dix-neuf	[diznœf]
15=quinze	[kɛ̃:z]	20=vingt	[vɛ̃]

Voici la maison du professeur. Elle n'est pas loin, mais tout près de l'école.

Elle a un jardin. Dans le jardin, il y a des arbres et des fleurs. Il y a aussi des fleurs aux fenêtres.

— Est-ce qu'il y a un garage?

— Oui, il y a un garage pour l'auto.

Nous traversons le jardin et nous entrons dans la maison. Au rez-de-chaussée, il y a le salon avec deux fenêtres, la salle à manger et la cuisine. Le salon est en face de la salle‿à manger et la cuisine est à côté de la salle à manger.

Nous montons l'escalier. Au premier étage, il y a trois chambres et une salle de bain(s), et au deuxième étage, deux chambres. Les chambres sont confortables.

---

du[dy] loin[lwɛ̃] tout près[tu prɛ]
un jardin[œ̃ ʒardɛ̃] aux[o] un garage[œ̃ gara:ʒ]
traverser[travɛrse] entrer[ɑ̃tre]
au rez-de-chaussée[o redʃose] le salon[lə salɔ̃]
la salle à manger[la salamɑ̃ʒe] la cuisine[la kɥizin]
à côté de[akotedə] monter[mɔ̃te]
l'escalier[lɛskalje] au premier étage[o prəmjereta:ʒ]

Il y a deux enfants dans une chambre. Ils sont le fils et la fille du professeur. Le garçon a douze ans et la fille a seize ans. Ils aiment beaucoup la maison.

◆ *Prononciation*

eu *ouvert* [œ]	fl*eur*	profess*eur*	faut*eu*il
eu *fermé* [ø]	d*eux*	p*eu*	monsi*eur*

◆ *Devoirs*

1 다음 동사를 변화시켜 빈 칸에 넣으라.

1. Elles (*traverser*) __________ le jardin.
2. Vous (*entrer*) __________ dans le salon.
3. Tu (*monter*) __________ l'escalier.
4. Elle (*aimer*) __________ la fleur.
5. Nous (*être*) __________ dans la salle à manger.
6. Ils (*avoir*) __________ un garage.

2 Aimer 동사를 변화시켜 빈 칸에 넣으라.

1. Véronique __________-elle les fleurs?
2. Nous __________ le jardin du professeur.
3. J'__________ les arbres du jardin.
4. __________-tu Véronique?
5. Ils __________ Jean et Véronique.
6. Vous n'__________ pas les fleurs du jardin.

---

une chambre[yn ʃɑ̃:br]
confortable[kɔ̃fɔrtabl]
aimer[ɛme]
une salle de bain(s)[yn saldəbɛ̃]
un an[œ̃nɑ̃]

9e (Neuvième) LEÇON

◆ *L'adjectif interrogatif*

Singulier		*Pluriel*	
Masculin	***Féminin***	***Masculin***	***Féminin***
Quel	Quelle	Quels	Quelles
Quelle fleur aimez-vous? Quels sont les douze mois de l'année?			

◆ *Les changements orthographiques* (1)

Commencer	Allonger	Manger
Je commence	J'allonge	Je mange
Tu commences	Tu allonges	Tu manges
Il commence	Il allonge	Il mange
Nous commen**ç**ons	Nous allon**ge**ons	Nous man**ge**ons
Vous commencez	Vous allongez	Vous mangez
Ils commencent	Ils allongent	Ils mangent

◆ *Combien de...?*

Combien de livres avez-vous?
Combien avez-vous *de* livres?
Combien de livres a le professeur?
Combien le professeur a-t-il *de* livres?
Combien de chaises y a-t-il dans la classe?
Combien y a-t-il *de* chaises dans la classe?

◆ *Les adjectifs irréguliers* (1)

long (*m.*)→long*ue* (*f.*) un long jour (*m.*) une long*ue* nuit (*f.*)

— Quel jour est-ce aujourd'hui ?

— Aujourd'hui, c'est lundi, c'est le vingt mai.

— Il y a sept jours dans une semaine. Elle commence le lundi et on travaille cinq jours et demi par semaine. Les jours de la semaine sont : lundi, mardi, mercredi, jeudi, vendredi, samedi et dimanche.

— Travaille-t-on le samedi après-midi ?

— Non, on ne travaille pas le samedi après-midi. On ne travaille pas non plus le dimanche. C'est un jour de repos.

— Quel est le premier mois de l'année ?

— Le premier mois de l'année est janvier. L'année commence le 1er janvier. C'est le jour de fête.

— Combien de saisons y a-t-il dans une année ?

— Il y a quatre saisons dans une année: le printemps, l'été, l'automne et l'hiver. Au printemps et en été les jours allongent. Mais en automne et en hiver les jours sont courts et les nuits sont longues.

---

non plus: Il travaille aussi. Il ne travaille pas ***non plus.***

quel, quelle, quels, quelles[kɛl]
jour[ʒu:r]

lundi[lœ̃di]
commencer[kɔmɑ̃se]
demi[dəmi]
samedi[samdi]
dimanche[dimɑ̃:ʃ]
le mois[lə mwa]
une fête[yn fɛt]
combien[kɔ̃bjɛ̃]
l'été[lete] (*m.*)
la nuit[la nɥi]

mai[mɛ]
on[ɔ̃]
par[pa:r]
un après-midi[œ̃naprɛmidi]
le repos[lə rəpo]
une année[ynane]
dernier[dɛrnje]
une saison[yn sɛzɔ̃]
l'automne[lɔtɔn] (*m.*)
allonger[alɔ̃ʒe]

long[lɔ̃]—longue[lɔ̃:g]
une semaine[yn səmɛn]
travailler[travaje]
non plus[nɔ̃ply]
janvier[ʒɑ̃vje]
décembre[désɑ̃:br]
le printemps[lə prɛ̃tɑ̃]
l'hiver[livɛ:r] (*m.*)
court[ku:r]

◆ *Nombres ordinaux*

1er=premier	[prəmje]	10e=dixième	[dizjɛm]
1ère=première	[prəmjɛ:r]	11e=onzième	[ɔ̃zjɛm]
2e=deuxième	[døzjɛm]	12e=douzième	[duzjɛm]
second(e)	[səgɔ̃(:d)]	13e=treizième	[trɛzjɛm]
3e=troisième	[trwɑzjɛm]	14e=quatorzième	[katɔrzjɛm]
4e=quatrième	[katrjɛm]	15e=quinzième	[kɛ̃zjɛm]
5e=cinquième	[sɛ̃kjɛm]	16e=seizième	[sɛzjɛm]
6e=sixième	[sizjɛm]	17e=dix-septième	[disɛtjɛm]
7e=septième	[sɛtjɛm]	18e=dix-huitième	[dizɥitjɛm]
8e=huitième	[ɥitjɛm]	19e=dix-neuvième	[diznœvjɛm]
9e=neuvième	[nœvjɛm]	20e=vingtième	[vɛ̃tjɛm]

◆ *Devoirs*

1 다음 물음에 답하라.

1. Combien y a-t-il de mois dans une année?
2. Quels sont les douze mois de l'année?
3. Quel est le premier jour de la semaine?
4. Quel jour est-ce aujourd' hui?
5. En quel mois sommes-nous?
6. Combien y a-t-il de jours en août?
7. Quel jour du mois est-ce aujourd'hui?
8. Quel jour de la semaine est-ce aujourd'hui?

2 Commencer 동사를 변환시켜 빈 칸에 넣으라.

1. Ils __________ la leçon.
2. __________-vous la leçon?
3. Oui, nous __________ la leçon.
4. Je ne __________ pas la leçon.
5. Ne __________-tu pas la leçon?
6. Jean __________-il la leçon?

10e (Dixième) LEÇON

◆ L'adjectif possessif

Mon père et	*ma*	mère sont	*mes*	parents.	
Ton	ta		tes		
Son	sa		ses		
Notre	notre		nos		
Votre	votre		vos		
Leur	leur		leurs		

Attention !

(○) mon‿école,	(○) ton‿auto,	(○) son‿horloge
(×) ma école,	(×) ta auto,	(×) sa horloge

◆ Le verbe FAIRE (L'indicatif présent)

Je fais	Je ne fais pas	Est-ce que je fais?
Tu fais	Tu ne fais pas	Fais-tu?
Il fait	Il ne fait pas	Fait-il?
Nous faisons[fəzɔ̃]	Nous ne faisons pas	Faisons-nous?
Vous faites [fɛt]	Vous ne faites pas	Faites-vous?
Ils font	Ils ne font pas	Font-ils?

ne...plus:	Elle *n'*écoute *plus* la radio.

---

mes parents[me parɑ̃] une horloge[ynɔrlɔ:ʒ] faire[fɛ:r]
Catherine[katrin] bien[bjɛ̃]
bonne[bɔn] Michel[miʃɛl]
Philippe[filip] Mme Duval[madam dyval]
rentrer bientôt[rɑ̃tre bjɛ̃to] maman[mamɑ̃]
que[kə] préparer[prepare] l'anglais[lɑ̃glɛ]
Ah, bon![ɑ bɔ̃] son travail[sɔ̃ travaj] écouter[ekute]

Catherine est dans sa chambre. Elle fait ses devoirs pour vendredi. Elle travaille bien. C'est une bonne élève. Les garçons travaillent aussi, Michel dans sa chambre, Paul et Philippe dans la salle à manger. Mme Duval n'est pas à la maison, mais elle rentre bintôt.

— Es-tu dans ta chambre, Catherine ?

— Oui, maman.

— Que fais-tu ?

— Je prépare ma leçon d'anglais.

— Ah, bon ! Et Michel, fait-il son travail ou écoute-t-il la radio ?

— Mais non, maman. Je n'écoute plus la radio. Je fais mes problèmes de mathématiques.

— Ah, bon ! Tu fais tes mathématiques. Tu fais aussi ton anglais ?

— Oui, maman. Et j'aide Paul et Philippe. Ils font aussi leurs devoirs.

— Alors, vous faites tous vos devoirs pour demain. Bon ! Votre oncle Henri et votre tante Denise dînent ici.

Les enfants sont contents. Ils aiment bien leur tante Denise et leur oncle Henri. Ils retournent vite à leur travail.

---

un problème de mathématiques[œ̃ pɔrblɛm də matematik]
aider[ɛde]　alors[alɔ:r]　tous[tus] (*pronom*)
demain[dəmɛ̃]　votre oncle Henri[vɔtrɔ̃kl ɑ̃ri]
votre tante Denise[vɔtrə tɑ̃:t dəni:z]　dîner[dine]
content[kɔ̃tɑ̃]　retourner[rəturne]　vite[vit]

◆ *Prononciation*

z [z]:	onze	douze	treize
	quatorze	quinze	seize
모음 + s + 모음 [z]:	Denise	rose	chaise
	chemise	isolement	
th [t]:	ma*th*ématiques	*th*éâtre	*th*ème
	*th*èse		
ph [f]:	*Ph*ilippe	*ph*ilosо*ph*ie	*ph*rase
	triom*ph*e		

◆ *Devoirs*

1 주어의 인칭에 해당하는 소유형용사를 넣으라.

1. Aimes-tu ________ école ?
2. Nous faisons ________ devoirs.
3. Il fait ________ problèmes de mathématiques.
4. Elles font aussi ________ devoirs.
5. Vous aimez ________ oncle Henri et ________ tante Denise.
6. J'aime ________ professeur.
7. Philippe prépare ________ leçon.
8. Aiment-ils ________ mère ?

2 다음 문장을 복수로 고치라.

1. Tu fais ton devoir.
2. Le professeur aime son élève.
3. Il aime sa leçon de français.
4. Fait-il son devoir ?

3 작문

1. 그들은 집에 있지 않지만 곧 돌아온다.
2. 우리들은 더 이상 라디오를 듣지 않는다.
3. 네, 선생님, 우리들은 우리 아버지와 어머니를 돕습니다.
4. 그의 아저씨와 아주머니는 여기서 저녁을 잡수시지 않습니까?

◆◆◆ *Texte complémentaire* ◆◆◆

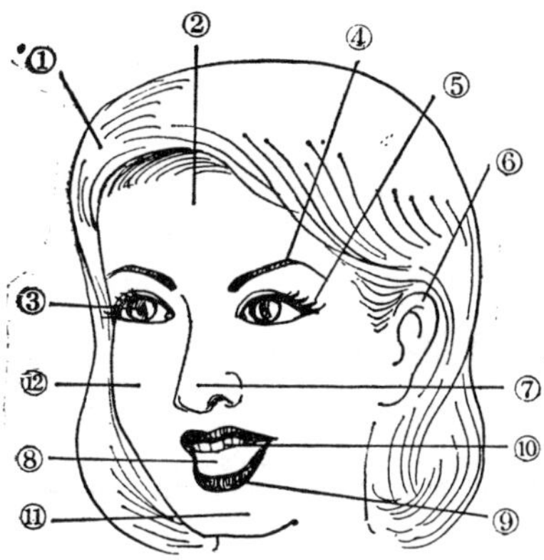

—Voici un portrait. C'est le visage de Jeanne Martin. Jeanne a des cheveux① (un cheveu) noirs, un front② haut, des yeux③ (un œil) bruns, des sourcils④ et des cils⑤ épais, des oreilles⑥ larges, un nez⑦ pointu. Sa bouche⑧ est grande, ses lèvres⑨ sont rouges, ses dents⑩ sont blanches, son menton⑪ est rond, ses joues⑫ sont roses.

—A-t-elle une langue?

—Mais oui!

—Où est-elle?

—Elle est dans sa bouche. Avec sa bouche et sa langue, elle parle.

---

blanc→blanche

un portrait[œ̃ pɔrtrɛ]　le visage[lə viza:ʒ]　des cheveux[deʃvϕ]

un front haut[œ̃ frɔ̃ o]　des yeux (un œil) [dezjϕ] ([œ̃nœj])

un sourcil épais[œ̃ sursi epɛ]　un cil[œ̃ sil]

une oreille large[yn ɔrɛj larʒ]　un nez pointu[œ̃ ne pwɛ̃ty]

une bouche[yn buʃ]　ses lèvres[se lɛ:vr]　une dent[yn dɑ̃]

un menton rond[œ̃ mɑ̃tɔ̃ rɔ̃]　une joue rose[yn ʒu ro:z]

une langue[yn lɑ̃:g]　parler [parle]

Révision

(leçons 6—10)

1 본문을 읽고 알맞는 형용사를 골라 빈 칸을 채우라.

1. (*grand, blonde, petit, élégante*)

   Le père est _________ ; le fils est _________.

2. (*bleue, verte, grande, petite*)

   La mère est _________ ; la fille est _________.

3. (*bleue, jaune, brune, verte*)

   La robe de la mère est ______ et la cravate du père est______.

2 빈 칸에 전치사 de 와 정관사를 넣으라.

1. La maison _________ professeur n'est pas loin.
2. La cuisine est à côté _________ salle à manger.
3. Le jardin est tout près _________ école.
4. Les pantalons _________ garçons sont noirs.

3 빈 칸에 전치사 à 와 정관사를 넣으라.

1. Elle rentre _________ maison.
2. Il y a des fleurs _________ fenêtres.
3. _________ premier étage, il y a des chambres.
4. Les élèves retournent _________ travail.

Révision

4 빈 칸에 적당한 말을 넣으라.

1. ________ printemps et ________ été les jours sont longs.
2. ________ automne et ________ hiver les nuits sont________.
3. Le quatrième mois de l'année est ________.
4. Les sept jours de la semaine sont ________.
5. Combien y a-t-il de saisons dans une année?
6. Est-ce qu'une semaine commence le dimanche?

5 빈 칸에 소유형용사를 채우라.

1. (너의) ________ cravate.
2. (당신들의)________ parents.
3. (나의)________ livres.
4. (당신의)________ stylo.
5. (그녀들의) ________tante.
6. (그녀의)________ amie.

6 작문

1. 장(Jean)은 두개의 갈색 넥타이를 가지고 있읍니다.
2. 벽에는 무엇이 걸려 있읍니까? 벽에는 프랑스 지도와 칠판이 있읍니다.
3. 일요일에는 일하지 않습니다. 휴일입니다. 토요일 오후도 역시 일하지 않습니다.
4. 지금 몇월입니까? 8월입니다.
5. 1월 1일은 설날입니다. 명절입니다. 오늘은 무슨 요일입니까?
6. 그는 착한 학생입니다. 그는 불어과목을 예습합니다.

11e (Onzième) LEÇON

◆ L'impératif

Verbes du Ier groupe Impératif=Indicatif présent (**sans** *s* à la 2e personne du singulier)			*Attention!*	
			Etre	**Avoir**
(Tu parles)	**Parle**	Ne **parle** pas	Sois	Aie
(Nous parlons)	**Parlons**	Ne **parlons** pas	Soyons	Ayons
(Vous parlez)	**Parlez**	Ne **parlez** pas	Soyez	Ayez

◆ L'adjectif démonstratif

ce (cet)	ces:	ce livre (cet enfant)	ces livres
cette		cette maison	ces maisons

◆ Les verbes ALLER et OUVRIR (Indicatif présent)

Je	vais	J'	ouvre
Tu	vas	Tu	ouvres
Il	va	Il	ouvre
Nous‿	allons	Nous‿	ouvrons
Vous‿	allez	Vous‿	ouvrez
Ils	vont	Ils‿	ouvrent

---

sois[swa] soyons[swajɔ̃] soyez[swaje]
aie[ɛ] ayons[ɛjɔ̃] ayez[ɛje]
aller[ale] ouvrir[uvri:r]

Je vais à l'école. J'entre dans la classe de français. Quelques-uns sont déjà là et ils parlent. Je regarde les images de mon livre. Ces images représentent les paysages de France. A neuf heures, le professeur entre en classe. Les élèves saluent le professeur:

« Bonjour Monsieur. »

Le professeur salue aussi les élèves:

« Bonjour, mes amis. »

Il fait l'appel. Ensuite il corrige les devoirs de la dernière leçon. Il pose des questions aux élèves, puis il commence une nouvelle leçon.

« Commençons notre leçon. Ouvrez le livre à la page 20. D'abord nous étudions le verbe ouvrir. Robert, conjuguez le verbe ouvrir au présent, s'il vous plaît. »

ouvrir le livre

L'élève interrogé conjugue le verbe.

« Très bien ! merci. »

---

quelques-uns(unes) [kɛlkəzœ̃(zyn)] déjà[deʒa]
là[la] les images[lezima:ʒ] ces[se]
représenter[rəprezɑ̃te] le paysage[lə peiza:ʒ] une heure[yn œ:r]
un appel[œ̃napɛl] ensuite[ɑ̃sɥit] corriger[kɔriʒe]
puis[pɥi] poser[pɔze] une question[yn kɛstjɔ̃]
la page[la pa:ʒ] nouvelle[nuvel]—nouveau[nuvo]
le verbe[lə vɛrb] d'abord[dabɔ:r] conjuguer[kɔ̃ʒyge]
s'il vous plaît[s'ilvuplɛ] Robert[rɔbɛ:r]
très bien ! [trɛ bjɛ̃] interrogé[ɛ̃tɛrɔʒe]

◆ Prononciation

tion [sjɔ̃]:	men*tion*	forma*tion*	na*tion*
tion [tjɔ̃]:	ques*tion*	sugges*tion*	
e *fermé*[e]:	cl*é*	dict*ée*	mari*é*
e *ouvert*[ɛ]:	r*è*gle	tr*è*s	il *est* franç*ais*
oy=oi+i:	l*oy*er	v*oy*ons	s*oy*ez
ay=ai+i:	p*ay*er	r*ay*on	p*ay*s

◆ Devoirs

1 다음 동사를 명령형으로 변화시키라.

1. Aller à l'école.
2. Ouvrir les fenêtres.
3. Etudier la leçon.
4. Monter l'escalier.
5. Ecouter la radio.
6. Commencer la leçon.
7. Conjuguer le verbe.
8. Faire les devoirs.

2 빈 칸에 지시형용사를 넣으라.

1. Il aime __________ enfants.
2. __________ fille est grande.
3. Regardez __________ portrait.
4. Jeanne ouvre __________ fenêtres.
5. Je salue __________ monsieur.
6. __________image représente une école.
7. Je travaille __________ après-midi.
8. __________ chambres sont au premier étage.

12e (Douzième) LEÇON

◆ *Le verbe FINIR (2e groupe)*

Indicatif présent		
Je fin**is**	Je ne finis pas	Est-ce que je finis ?
Tu fin**is**	Tu ne finis pas	Finis-tu ?
Il fin**it**	Il ne finit pas	Finit-il ?
Elle fin**it**	Elle ne finit pas	Finit-elle ?
Nous fin**issons**	Nous ne finissons pas	Finissons-nous ?
Vous fin**issez**	Vous ne finissez pas	Finissez-vous ?
Ils fin**issent**	Ils ne finissent pas	Finissent-ils ?
Elles fin**issent**	Elles ne finissent pas	Finissent-elles ?
Impératif: Finis	Finissons	Finissez

◆ *Les pronoms interrogatifs: QUI, QUE*

Pour une personne:

Qui ouvre la porte ? *ou* **Qui est-ce qui** ouvre la porte ?

Pour une chose:

Qu'est-ce qui est sur la table ?

◆ *Y*

y: ici, là, là-bas

Il cherche des roses *dans le jardin.*
Il **y** cherche des roses.

---

finir[fini:r] qui est-ce qui[kieski] son repas[sɔ̃ rəpɑ]
y[i] chercher[ʃɛrʃe] une rose[yn ro:z]

Philippe finit son repas et entre dans le jardin. Il y cherche des roses pour sa mère. Regardez. Il chosit deux roses blanches et une rose rouge.

— Philippe est un gentil petit garçon, n'est ce pas?

— Oui, il est gentil. Il n'obéit pas toujours à sa mère, mais il n'est pas méchant.

Aimez-vous les roses? Entrons dans le jardin et choisissons quelques-unes pour la table.

— Qui est-ce qui sonne à la porte? Qui est là?

— C'est son ami Robert. Il entre aussi dans le jardin.

— Philippe et Robert y jouent à la balle ensemble. C'est leur jeu préféré. Robert choisit parfois de belles pensées et il apporte ces fleurs à sa mère quand il rentre à la maison. Ils sont gentils tous les deux.

—Qu'est-ce qui est dans le vase?

—Les fleurs sont dans le vase. Elles sont très jolies.

---

choisir[ʃwazi:r]
obéir[ɔbei:r]
ensemble[ɑ̃sɑ̃bl]
parfois[parfwa]
apporter[apɔrte]
tous les deux[tu le dø]
quand[kɑ̃]

gentil[ʒɑ̃ti]
toujours[tuʒu:r]
sonner[sɔne]
jouer[ʒwe]
un jeu[œ̃ ʒø]
de belles pensées[də bɛl pɑ̃se]
qu'est-ce qui[kɛski]

n'est-ce pas[nɛspɑ]
méchant[meʃɑ̃]
la balle[la bal]
préféré[prefere]
le vase[lə vɑ:z]

◆ *Prononciation*

x	[ks]:	e*x*près	e*x*cellent	fi*x*e	Lu*x*embourg	
	[gz]:	e*x*ercice	e*x*amen	e*x*emple	e*x*otique	
	[s] :	si*x*	di*x*	soi*x*ante	Bru*x*elles	
	[z] :	deu*x*ième	si*x*ième	di*x*ième	di*x*-huit	
a	*postérieur*[ɑ]:	cl*a*sse	p*a*s	b*a*s	là-b*a*s	rep*a*s
	antérieur[a]:	c*a*rnet	c*a*hier	m*a*d*a*me	ban*a*ne	

◆ *Devoirs*

1 본문을 읽고 불어로 답하라.

1. Philippe finit-il son repas?
2. Pour qui Philippe choisit-il des fleurs?
3. Quelles fleurs choisit-il?
4. Qui est-ce qui sonne à la porte?
5. Quel est le jeu préféré de Philippe et de Robert?
6. Philippe est-il méchant?
7. A qui Robert apporte-t-il des fleurs?
8. Qu'est-ce qui est dans le vase?

2 동사를 변화시키라.

1. (*faire*) Vous ________ vos devoirs.
2. (*choisir*) Tu ________ des roses; Jean et Philippe________ des pensées.
3. (*ouvrir*) Qui est-ce qui ________ la fenêtre?
4. (*commencer*) Nous ________ notre leçon de français.
5. (*finir*) Ils ________ leur repas.
6. (*travailler*) ________ -elles dans leur chambre?
7. (*obéir*) Est-ce que vous ________ toujours à vos parents?
8. (*jouer*) Nous ________ à la balle dans le jardin.

13ᵉ (Treizième) LEÇON

◆ *Le comparatif*

(+)	plus +형용사+que	Paul est *plus* grand *que* Robert.
(−)	moins+형용사+que	Robert est *moins* grand *que* Paul.
(=)	aussi +형용사+que	Paul est *aussi* grand *que* Louis.

◆ *Les changements orthographiques*

Peser		*Acheter*	
Je pèse	Nous pesons	J' achète	Nous achetons
Tu pèses	Vous pesez	Tu achètes	Vous achetez
{Il pèse	{Ils pèsent	{Il achète	{Ils achètent
{Elle pèse	{Elles pèsent	{Elle achète	{Elles achètent

◆ *Nombres*

21=vingt et un (une)	50=cinquante
22=vingt-deux	51=cinquante et un
23=vingt-trois	52=cinquante-deux
30=trente	60=soixante
31=trente et un	61=soixante et un
32=trente-deux	62=soixante-deux
40=quarante	70=soixante-dix
41=quarante et un	71=soixante et onze
42=quarante-deux	72=soixante-douze

---

mon grand-père[mɔ̃ grɑ̃pɛ:r]
ma grand-mère[ma grɑ̃mɛ:r]
plus âgé que[plyzaʒekə]
trente-cinq[trɑ̃tsɛ̃k]
son mari[sɔ̃ mari]
mesurer[məzyre]
soixante-dix ans[swasɑ̃tdizɑ̃]
soixante-six[swasɑ̃tsis]
trente-neuf[trɑ̃tnœf]
jeune[ʒœn]
mon cousin Victor[mɔ̃ kuzɛ̃ viktɔ:r]
un mètre cinquante-sept[œ̃ mɛtrə sɛ̃kɑ̃tsɛt]

Mon grand-père a soixante-dix ans. Ma grand-mère a soixante-six ans. Mon grand-père est plus âgé que ma grand-mère.

Mon oncle Henri a trente-neuf ans. Ma tante Denise a trente-cinq ans. Elle est plus jeune que son mari.

Mon cousin Victor a treize ans et il mesure 1 m 57 (un mètre cinquante-sept). Ma cousine Sylvie est moins âgée que son frère de trois ans, et elle mesure 1 m 38 (un mètre trente-huit). Victor pèse quarante-six kilos et sa sœur pèse trente-quatre kilos. Il est plus lourd que sa sœur.

Mon oncle Henri achète une valise pour son voyage.

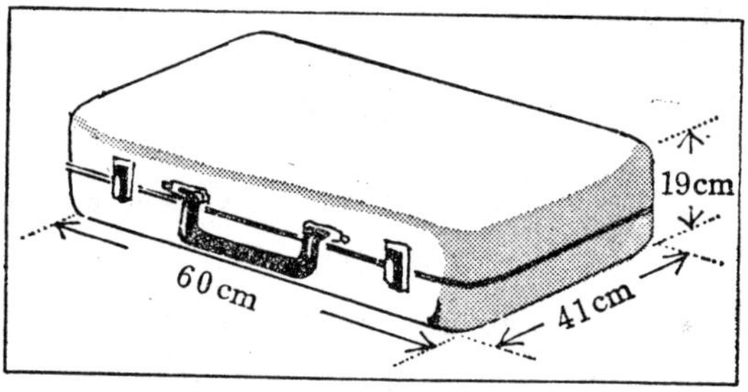

—Comment est cette valise ?

—Elle est brune. Elle mesure dix-neuf centimètres de haut, soixante centimètres de long, quarante et un centimètres de large. Elle pèse trois kilos.

---

ma cousine Sylvie[ma kuzin silvi]　moins[mwɛ̃]
son frère[sɔ̃ frɛ:r]　sa sœur[sa sœ:r]　peser[pəze]
pèse[pɛ:z]　quarante-six[karɑ̃tsis]　un kilo[œ̃ kilo]
lourd[lu:r]　acheter[aʃte]　achète[aʃɛt]
une valise[yn vali:z]　son voyage[sɔ̃ vwaja:ʒ]　un centimètre[œ̃ sɑ̃timɛtr]
comment[kɔmɑ̃]　le haut[lə o]　quarante [karɑ̃:t]
quarante et un[karɑ̃teœ̃]　le large[lə larʒ]
vingt et un (une)[vɛ̃teœ̃(yn)]　vingt-deux[vɛ̃tdø]
vingt-trois[vɛ̃ttrwa]　trente[trɑ̃:t]　soixante et onze[swasɑ̃teɔ̃:z]
cinquante[sɛ̃kɑ̃:t]　soixante[swasɑ̃:t]

◆ *Prononciation*

ui [ɥi]: *lui* n*ui*t s*ui*s h*ui*t p*ui*s

ou+모음[w]: *oui* *ou*est L*ou*is L*ou*ise

[s]:
- 단어의 첫머리에서
  - **s**: le *s*ac de *S*ylvie
  - **c**+
    - **i**: *ci*garette, *ci*néma
    - **e**(로 끝나는 음절): *ce*, *ce*la
- 단어 속에서
  - **s**: il pen*s*e, pen*s*ées
  - **ss**(두 모음 사이): poi*ss*on, fini*ss*ons, au*ss*i.
  - **c**+
    - **i**: i*ci*, voi*ci*, dé*ci*der, dé*ci*sif
    - **e**: pla*ce*
  - ç+**a,o,u**: fran*ça*is, commen*ço*ns, le*ço*n, re*çu*

◆ *Devoirs*

1 빈 칸에 적합한 말을 넣으라.

1. Son cousin a 11 ans et sa cousine a 8 ans. Son cousin est plus ________ sa cousine.
2. Son fils mesure 1 m 68 et sa fille 1 m 47. Son fils est plus ________ sa fille.
3. Ce sac pèse cinq kilos. Cette valise pèse cinq kilos. Le sac est aussi ________ la valise.
4. Les jours sont ________ courts en hiver ________ en été.

2 동사를 변화시키라.

1. (*acheter*) Elle ________ des bas.
2. (*acheter*) Vous ________ une valise.
3. (*peser*) Vous ________ cinquante-cinq kilos.
4. (*peser*) Tu ________ quarante-six kilos.

14e (Quatorzième) LEÇON

◆ *Le verbe* VENDRE

Indicatif présent		*Impératif*
Je vends	Nous vendons	Vends
Tu vends	Vous vendez	Vendons
Il vend	Ils vendent	Vendez

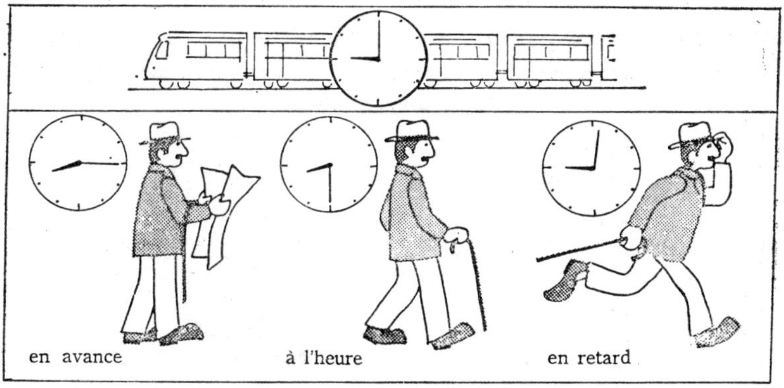

— Qu'est-ce que c'est ?

— C'est une horloge. Elle a un cadran avec des chiffres et deux aiguilles. La petite aiguille est l'aiguille des heures. La grande aiguille est l'aiguille des minutes.

Ma montre n'est pas en or, mais elle marche bien. C'est une montre-bracelet. Elle a une troisième aiguille pour les secondes.

vendre[vɑ̃:dr] un cadran[œ̃ kadrɑ̃] un chiffre[œ̃ ʃifr]
une aiguille[ynegɥij] une minute[yn minyt] une montre[yn mɔ̃:tr]
en or[ɑ̃nɔ:r] marcher[marʃe] une seconde[yn səgɔ̃:d]
une montre-bracelet[yn mɔ̃trəbraslɛ] avancer[avɑ̃se]
retarder[rətarde] porter[pɔrte] souvent[suvɑ̃]
chez[ʃe] un horloger[œ̃nɔrlɔʒe] vieux[vjø]
aimable[ɛmabl] réparer[repare] un bijou[œ̃ biʒu]
un bijoutier[œ̃ biʒutje] une pendule[ynpɑ̃dyl]

— Ma montre ne marche pas bien. Elle avance ou elle retarde. Je porte souvent ma montre chez l'horloger. L'horloger est un vieux monsieur très aimable. Il répare mais il vend aussi des bijoux. C'est un horloger-bijoutier. Sur sa table de travail, il y a des montres, des pendules, des réveils, des bagues et des bracelets.

— Le cours commence à neuf heures. Il est déjà huit heures et demie. Allons vite à l'école, car le professeur arrive toujours à l'heure. Les étudiants arrivent en avance, mais quelques-uns sont parfois en retard. Ce sont des retardataires.

Quelle heure est-il?

Il est neuf heures.

Il est neuf heures cinq.

Il est neuf heures et quart.

Il est neuf heures vingt-cinq.

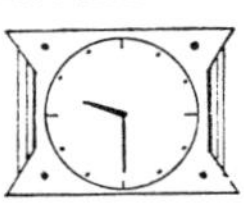
Il est neuf heures et demie.

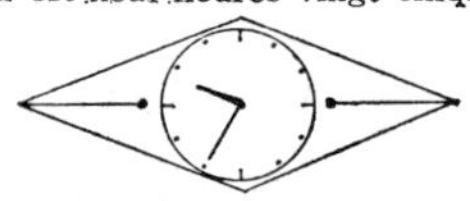
Il est neuf heures trente-cinq.
ou Il est dix heures moins vingt-cinq.

Il est dix heures moins le quart

Il est dix heures moins cinq.

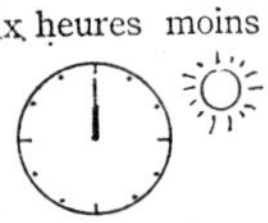
Il est midi. Le soleil brille.
C'est le jour.

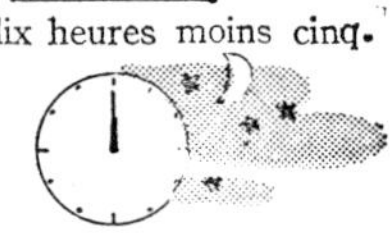
Il est minuit. La lune et les étoiles brillent. C'est la nuit.

---

un réveil[œ̃ revɛj]	une bague[yn bag]	un bracelet[œ̃ braslɛ]
car[ka:r]	en avance[ɑ̃navɑ̃:s]	parfois[parfwa]
en retard[ɑ̃ rəta:r]	un(une) retardataire[œ̃(yn) retardatɛ:r]	
un quart[œ̃ ka:r]	un bijou→des bijoux	

◆ *Prononciation*

t	**t**	[t]:	*t*out	*t*ex*t*e	quaran*t*e	*é*tudian*t*e	pe*t*it
			*t*on	*t*a	*t*es	minu*t*e	re*t*ard
	tr	[tr]:	mon*tr*e	*tr*ois	*tr*oisième	*tr*ès	Sar*tr*e
	ti	[ti]:	ami*tié*		pi*tié*		
		[si]:	démocra*tie*		ini*ti*al		

◆ *Devoirs*

1 다음 물음에 불어로 답하라.

1. Votre montre marche-t-elle bien ?
2. Y a-t-il une horloge à votre école ?
3. L'horloge est-elle à l'heure ?
4. L'aiguille des minutes est-elle moins longue que l'aiguille des heures ?
5. A quelle heure commence votre leçon de français ?
6. A quelle heure finit-elle ?

2 *Quelle heure est-il ?*

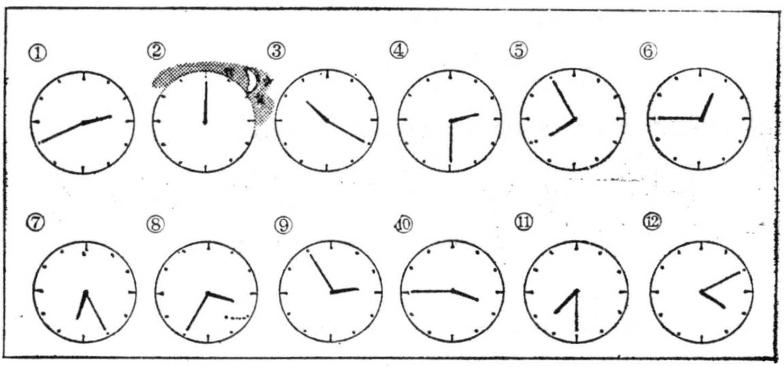

15e (Quinzième) LEÇON

◆ Le verbe VENIR

Indicatif présent		*Impératif*
Je viens	Nous venons	Viens
Tu viens	Vous venez	Venons
Il vient	Ils viennent	Venez

◆ Le féminin des adjectifs

f →ve: neu*f*→neu*ve* eux →euse: heur*eux*→heur*euse* er →ère: premi*er*→premi*ère* on →onne: b*on*→b*onne* os →osse: gr*os*→gr*osse*	be*au* (b*el*) →b*elle* nouv*eau* (nouv*el*) →nouv*elle* vi*eux* (*vieil*) →*vieille* *Ex:* le beau jardin, le bel arbre, la belle robe le nouveau stylo, le nouvel encrier, la nouvelle élève

◆ L'emploi particulier du verbe ALLER

1. "Comment *allez*-vous?" —Je *vais* bien, merci.
2. Cette robe *va* bien à Catherine.
3. Ce chapeau ne *va* pas bien avec cette robe.

◆ Le futur proche et le passé récent

Aller+*infinitif*	**Venir de**+*infinitif*
Nous *allons commencer* la leçon.	Je *viens de consulter* le médecin.

---

comment allez-vous[kɔmɑ̃talevu] un mari[œ̃ mari]
sauf[sof] malade[malad] grave[gra:v]
penser[pɑ̃se] enrhumé[ɑ̃ryme] depuis[dəpɥi]
tousser[tuse] une fièvre[yn fjɛ:vr] même[mɛm]
fatigué[fatige] mal[mal] la tête[la t

— Bonjour, Madame, comment allez-vous ?

— Je vais très bien, merci.

— Et Monsieur votre mari, votre fille, vos fils, comment vont-ils ?

— Ils vont très bien aussi, sauf Michel. Il ne va pas bien, il est malade.

— Est-ce grave ?

— Je ne pense pas. Il est enrhumé depuis dimanche. Il ne tousse pas, mais il a un peu de fièvre. Et vous-même, comment allez-vous ?

— Je suis un peu fatigué. J'ai un peu mal à la tête, mais ce n'est rien. Je viens de consulter le médecin. Allez-vous en ville ?

— Oui, je vais acheter une robe neuve pour Catherine. Pour la soirée chez les Bellair, nos nouveaux voisins. Sa robe est déjà si vieille.

— Au revoir, Madame.

— Au revoir, Monsieur.

Le soir, Catherine est très heureuse. Pourquoi ? Parce qu'elle a une belle robe. Elle va avoir aussi un beau chapeau neuf. Catherine n'aime plus son vieux chapeau vert. Il ne va pas avec sa jolie robe. La robe va bien à Catherine.

---

consulter le médecin[kɔ̃sylte lə mɛdsɛ̃]
neuf (neuve)[nœf(nœ:v)]
Bellair[bɛlɛ:r]
un voisin[œ̃ vwazɛ̃]
au revoir[orəvwa:r]
heureux(heureuse)[œrϕ(œrϕ:z)]
parce que[parskə]
un chapeau[œ̃ʃapo]
une ville[yn vil]
la soirée[la sware]
nouveau(x) (nouvelle)[nuvo(nuvɛl)]
si vieux (vieille) [si vjϕ(vjɛj)]
le soir[lə swa:r]
pourquoi[purkwa]
beau(belle)[bo(bɛl)]

◆ *Prononciation*

i+모음[j]: P*ie*rre, par av*i*on, Il v*ie*nt, c'est b*ie*n
Ils v*ie*nnent chez les Bellair.
Ils sont derr*iè*re ce mons*ieu*r.

◆ *Devoirs*

1 형용사를 넣으라.

1. (*heureux*) une femme _____
2. (*vieux*) la ______ tante
3. (*beau*) le ______ ami
4. (*neuf*) une cravate ______
5. (*nouveau*) un ______ élève
6. (*premier*) la ______ maison

2 다음 글을 ⓐ futur proche, ⓑ passé récent 으로 고치라.

1. Nous faisons notre travail.
2. Elles choisissent des robes.
3. Vous commencez la lecture.
4. Paul arrive à l'école.
5. Je finis mon devoir.
6. Tu achètes une enveloppe.

3 불어로 옮기라.

1. 댁의 부모님들께서도 안녕하십니까?
2. 나는 화요일부터 감기들었읍니다.
3. 그는 늘 머리가 아프다.
4. 우리들은 곧 수업을 시작할 것입니다.

◆◆◆ *Textes Complémentaires* ◆◆◆

Solange va visiter sa tante malade. Elle rencontre son amie Hélène.

— Bonjour, Solange.

— Bonjour, Hélène.

— Où vas-tu ? Il est sept heures, l'heure de dîner.

— Je vais voir ma tante Léonie. Elle est malade.

— Qu'a-t-elle ? Est-ce grave ?

— Non, ce n'est pas très grave, elle a un rhume.

— Je vais au cinéma ce soir, viens avec moi.

— Non, Hélène, je regrette, mais j'ai beaucoup de travail à faire.

— Quel travail ?

— Mais, mes leçons: j'ai une leçon de français et une leçon d'histoire à préparer.

— Oh, laisse tes leçons. Allons au cinéma: on donne un excellent film.

— Non, Hélène.

— Aimes-tu le cinéma ?

— Non, je n'aime pas beaucoup le cinéma. Je préfère la lecture d'un bon livre.

— Alors, au revoir, Solange, et bon courage.

— Au revoir, Hélène.

Solange[sɔlɑ̃:ʒ]	Léonie[leɔni]	visiter[vizite]
malade[malad]	rencontrer[rɑ̃kɔ̃tre]	Hélène[elɛn]
voir[vwa:r]	un rhume[œ̃ rym]	le cinéma[lə sinema]
regretter[rəgrete]	une histoire[ynistwa:r]	donner[dɔne]
excellent[ɛksɛlɑ̃]	un film[œ̃ film]	la lecture[la lɛkty:r]
le courage[lə kura:ʒ]		

Révision

(*leçons 11—15*)

1 명령형으로 고치라.

1. Entrer dans la salle à manger.
2. Choisir une cravate.
3. Faire son travail.
4. Etudier bien sa leçon.
5. Venir à Séoul.
6. Ouvrir les fenêtres.

2 지시형용사를 넣으라.

1. ________ fleurs sont jolies.
2. Il travaille pour ________ femme.
3. ________ messieurs sont gentils.
4. ________ arbre est en face de la fênetre.
5. Regardez ________ jeunes filles.
6. ________ horloge marche-t-elle bien?

3 형용사를 넣으라.

1. (*vieux*) mon ________ ami, mes ________ amis
2. (*beau*) le ________ enfant, les ________ enfants
3. (*premier*) les ________ maisons, la ________ leçon
4. (*heureux*) des pères ________, des mères ________
5. (*neuf*) sa cravate ________ et son pantalon ________
6. (*nouveau*) les ________ leçons, les ________ professeurs

4 복수로 고쳐 쓰라.

1. la longue leçon
2. une belle rose
3. cette bonne femme
4. son nouvel élève
5. un beau chapeau
6. la petite aiguille

5 작문

1. 그는 늘 코가 아픕니다.
2. 그의 아버지는 그의 어머니보다 나이가 적습니까?
3. 로베에르와 뽈은 이웃집 사람들에게 인사한다.
4. 겨울에는 낮이 밤보다 짧다. 그러나 여름에는 밤이 낮보다 더 짧다.
5. 새 치마는 까트린느에게 잘 어울린다.
6. — 당신의 시계로 몇 시입니까? — 내 시계로 네시 사십오분입니다.

16e (Seizième) LEÇON

◆ Les verbes PRENDRE et BOIRE *(Indicatif présent)*

Prendre		*Boire*	
Je prends	Nous prenons	Je bois	Nous buvons
Tu prends	Vous prenez	Tu bois	Vous buvez
Il prend	Ils prennent	Il boit	Ils boivent

◆ Les articles partitifs

Masc.	**du**	=(un peu de)…	Je mange *du pain.*
Fém.	**de la**	=(un peu de)…	Je mange *de la viande.*
Masc. et fém.	**de l'**	=(un peu de)…	Je bois *de l'eau.*

N.B.: Je prends *le* beurre. ⟶ Je ne prends pas *le* beurre.
Je bois *du* thé. ⟶ Je ne bois pas ***de*** thé.

◆ Les pronoms interrogatifs: QUE, QUI *(Objet direct)*

Que	mangez-vous au déjeuner?
Qu'est-ce que	vous mangez au déjeuner?
Qui	aimez-vous?
Qui est-ce que	vous aimez?

◆ *Ni…ni*

Je n'ai pas de frères. Je n'ai pas de sœurs.
= Je n'ai **ni** frères, **ni** sœurs.

---

prendre[prɑ̃:dr] boire[bwa:r] du pain[dy pɛ̃]
de la viande[də la vjɑ̃:d] le beurre[lə bœ:r] du thé[dy te]
qu'est-ce que[kɛskə] qui[ki] qui est-ce que[kjɛskə]

« Quelle est cette grande pièce ? »

— C'est notre salle à manger. Il y a un buffet, une table et six chaises.

« Catherine, combien de repas faites-vous par jour ? »

— Je fais trois repas par jour: le matin, je prends mon petit déjeuner; à midi, je déjeune, et le soir, je dîne.

« Que mange-t-on et que boit-on à Paris, au petit déjeuner ? »

— On mange du pain et du beurre avec du café ou du café au lait.

« Mange-t-on des œufs et du jambon le matin en France ? »

— Non, on ne mange généralement ni œufs ni jambon.

« Que prenez-vous à midi ? »

— A midi, je prends de la viande (ou du poisson), des légumes et un dessert.

« Qu'est-ce qu'on prend au dîner en France ? »

— On prend du potage, de la viande, des légumes, du fromage et un gâteau ou des fruits.

« Est-ce que les Français prennent le thé à quatre heures ? »

— Beaucoup de Français ne prennent rien à quatre heures, mais les enfants mangent du pain et du chocolat, ou du pain et de la confiture.

---

le déjeuner[lə deʒœne]
un matin[œ̃ matɛ̃]
des œufs[de zɸ]
un poisson[œ̃ pwasɔ̃]
du potage[dy pɔta:ʒ]
le chocolat[lə ʃɔkɔla]

une pièce[yn pjɛs]
du lait[dy lɛ]
généralement[ʒeneralmɑ̃]
le légume[lə legym]
du fromage[dy frɔma:ʒ]
la confiture[la kɔ̃fity:r]

un buffet[œ̃ byfɛ]
un œuf[œ̃nœf]
le jambon[lə ʒɑ̃bɔ̃]
un dessert[œ̃ desɛ:r]
un gâteau[œ̃ gɑto]

Il prend du beurre...
un peu de beurre.
Il prend beaucoup de beurre...
tout le beurre.
Il ne prend pas de beurre.
Elle achète un bœuf.
Elle achète des œufs.
Elle achète de la farine.
FARINE
Elle achète un sac de farine.
J'ai du pain.
Je n'ai pas de pain.
C'est du lait.
Ce n'est pas du lait.
C'est du café.
C'est de la viande,
de l'eau,
des légumes.

◆ *Devoirs*

1 동사를 변화시키라.

1. (*boire*) Est-ce qu'elles ______ de l'eau?
2. (*prendre*) Tu ______ du poisson, des légumes et un dessert.
3. (*boire*) Je ne ______ pas de vin.
4. (*prendre*) Que ______-nous au petit déjeuner?
5. (*boire*) Est-ce que vous ______ du café.
6. (*boire*) Oui, nous ______ du café.

2 빈 칸에 적당한 관사를 넣으라.

1. — Qu'est-ce que vous mangez au petit déjeuner? Du potage?
   — Non, nous ne mangeons pas ______ potage au petit déjeuner.
2. A midi, les Duval mangent ______ viande, ______ légumes et ______ fruits.
3. Elle prend ______ pain, ______ confiture, et ______ chocolat.
4. Il ne boit pas ______ thé, il boit ______ café au lait.
5. On boit ______ eau ou ______ vin.
6. Vous n'aimez pas ______ fromage.

3 Que, qu'est-ce que, quel, quelle을 채우라.

1. ____________ je prends?
2. ____________ prend-il?
3. ____________ cravate a-t-il?
4. ____________ chapeau achetez-vous?
5. ____________ mange-t-on au dîner?
6. ____________ vous buvez?

17e (Dix-septième) LEÇON

◆ *Le verbe pronominal* SE LAVER

Indicatif présent		
Je me lave	Je *ne* me lave *pas*	Est-ce que je me lave ?
Tu te laves	Tu *ne* te laves *pas*	Te laves-tu ?
Il se lave	Il *ne* se lave *pas*	Se lave-t-il ?
Elle se lave	Elle *ne* se lave *pas*	Se lave-t-elle ?
Nous nous lavons	Nous *ne* nous lavons *pas*	Nous lavons-nous ?
Vous vous lavez	Vous *ne* vous lavez *pas*	Vous lavez vous ?
Ils se lavent	Ils *ne* se lavent *pas*	Se lavent-ils ?
Elles se lavent	Elles *ne* se lavent *pas*	Se lavent-elles ?

Impératif	
Lave-*toi*	*Ne* te lave *pas*
Lavons-*nous*	*Ne* nous lavons *pas*
Lavez-*vous*	*Ne* vous lavez *pas*

◆ *Les changements orthographiques (III)*

Apeler		*Jeter*	
J' app*elle*		Je je*tte*	
Tu app*elles*	Appelle !	Tu je*ttes*	Jette !
Il app*elle*		Il je*tte*	
Nous appelons	Appelons !	Nous jetons	Jetons !
Vous appelez	Appelez !	Vous jetez	Jetez !
Ils app*ellent*		Ils je*ttent*	

◆ *Ne…que*

Je **n'**ai **que** deux livres. = J'ai **seulement** deux livres.

Paul se réveille tous les matins à sept heures moins le quart et il se lève aussitôt. Mais ce matin, il ne se lève pas, car il est un peu fatigué. Il a sommeil. Le réveil sonne sept heures. Il est encore au lit. Madame Duval appelle son fils.

— Paul, lève-toi tout de suite, s'il te plaît ! Je prépare ton petit déjeuner. Habille-toi vite ! Ton père est déjà à table.

Alors, Paul se lève et en pyjama, il entre dans la salle de bains. Il se lave les mains, la figure. Il se brosse les dents et les cheveux. Puis il s'habille vite parce qu'il n'a que peu de temps. Il se regarde dans le miroir, il arrange sa cravate et il va dans la salle à manger. Il a faim et soif. Son petit déjeuner est prêt.

— Qu'est-ce qu'il y a pour le petit déjeuner ? demande-t-il. Tiens ! de la confiture !

Il mange de bon appétit. Il finit son petit déjeuner à huit heures moins dix. A huit heures et quart, il quitte la maison pour arriver à l'heure à l'école.

Le soir, il se couche de bonne heure. C'est un enfant bien élevé.

---

se laver[sə lave] appeler[aple] jeter[ʒəte]
seulement[sœlmɑ̃] se réveiller[sə revɛje] se lever[sə ləve]
il se lève aussitôt[il sə lɛ:v osito] il a sommeil[ilasɔmɛj]
le lit[lə li] lève-toi[lɛvətwa] tout de suite[tu də sɥit]
habille-toi[abijətwa] le pyjama[lə piʒama] la figure[la figy:r]
se brosser[sə brɔse] s'habiller[sabje] le miroir[lə mirwa:r]
arranger[arɑ̃ʒe] avoir faim[avwa:r fɛ̃] avoir soif[avwa:r swaf]
prêt[prɛ] de bon appétit[dəbɔ̃napeti]
quitter[kite] se coucher[sə kuʃe] de bonne heure[də bɔnœ:r]
élevé[ɛlve]

◆ *Prononciation*

-er
- [e]:
  - 동사의 어미 : aim*er* arriv*er* entr*er* travaill*er* se promen*er*
  - i 다음에 : cah*ier* pap*ier* dern*ier* courr*ier* pomm*ier*
  - 직업을 나타내는 몇몇 단어 : boulang*er*, bouch*er*
- [ɛ]: hi*er*, l'hiv*er*, la m*er*

◆ *Devoirs*

1 명령형으로 고치라.

1. Vous vous habillez vite.
2. Tu te couches à dix heures.
3. Nous nous levons tout de suite.
4. Vous donnez des fleurs à votre sœur.
5. Vous vous lavez les mains.
6. Tu appelles ton ami.

2 Seulement을 ne...que로 고치라.

1. Vous buvez seulement de l'eau.
2. Nous avons seulement un nez.
3. J'ai un briquet seulement.
4. Vous prenez des leçons de français seulement.
5. Il fait seulement son travail.
6. Albert aime seulement sa femme.

3 부정관사 또는 부분관사를 넣으라.

1. Qui a ______ viande?
2. Je n'ai pas ______ cousins.
3. Paul a-t-il ______ fromage?
4. Est-ce que vous avez ______ sœurs?
5. Prenez-vous ______ café au lait?
6. Elles ont ______ jolies fleurs.

---

le papier[lə papje] le cahier[lə kaje] le courrier[lə kurje]
le pommier[lə pɔmje] la mer[la mɛ:r]

18e (Dix-huitième) LEÇON

◆ *Le superlatif*

le plus ⟷ le moins la plus ⟷ la moins les plus ⟷ les moins	bon ↓ meilleur ↓ le meilleur	mauvais ↓ pire ↓ le pire

Pierre est *le plus grand* de la classe.
L'hiver est la saison *la moins agréable* de l'année.
Paul est *le meilleur* des élèves.

◆ *Il fait...*

Il fait beau (temps).	Il fait chaud.	Il fait (du) soleil.
Il fait mauvais.	Il fait froid.	Il fait bon.
Il fait jour.	Il fait frais.	Il fait du vent.
Il fait nuit.	Il fait doux.	Il fait du brouillard.

◆ *Les verbes impersonnels*

Pleuvoir	il pleut	***Grêler***	il grêle
Neiger	il neige	***Tonner***	il tonne
Geler	il gèle	***Venter***	il vente
Falloir	il faut	*Il faut écouter* le professeur.	

— Quel temps fait-il en hiver ?

— Il fait mauvais temps. Le ciel est bas et gris. Il neige souvent, et quand il ne neige pas, il pleut. Il fait froid. C'est la saison la moins agréable de l'année. Nous patinons sur la glace. Nous faisons du ski.

---

mauvais[movɛ] meilleur[mɛjœ:r] pire[pi:r]
agréable[agreabl] le temps[lə tɑ̃] chaud[ʃo]
froid[frwa] frais[frɛ] doux[du]
le soleil[lə sɔlɛj] le vent[lə vɑ̃] le brouillard[lə bruja:r]

— En été ?

— Il fait beau temps et il fait très chaud. Le soleil brille dans un ciel sans nuage. Les jours sont longs. Nous sommes en vacances. Nous allons à la campagne, au bord de la mer. Nous nageons et plongeons dans l'eau. Nous jouons au tennis.

— Au printemps ?

— C'est la plus belle saison de l'année. Il fait beau. Il ne fait ni froid, ni chaud, il fait doux. Le ciel est clair et la campagne est verte. Les oiseaux chantent beaucoup. Il y a des fleurs aux jardins. C'est peut-être la meilleure saison de l'année.

— Et en automne ?

— En automne, il fait frais. Il fait souvent mauvais temps. Le ciel est gris et le vent souffle. Les pommes sont mûres. Les feuilles tombent des arbres et le vent emportent les feuilles mortes.

Nous faisons du ski.

Nous jouons au tennis.

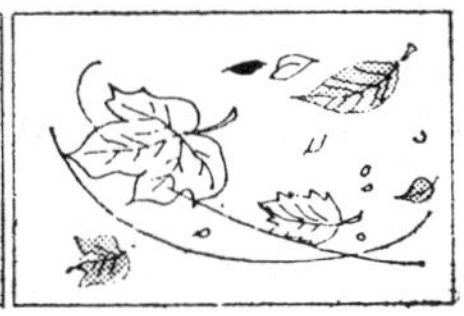

Le vent souffle.

---

pleuvoir[pløvwa:r]	neiger[nɛʒe]	geler[ʒəle]
grêler[grɛle]	tonner[tɔne]	venter[vɑ̃te]
le ciel[lə sjɛl]	souvent[suvɑ̃]	patiner[patine]
la glace[la glas]	le ski[lə ski]	briller[brije]
le nuage[lə nɥa:ʒ]	les vacances[le vakɑ̃:s]	la campagne[la kɑ̃paɲ]
au board de[o bɔ:r də]	nager[naʒe]	plonger[pɔ̃ʒe]
le tennis[lə tenis]	clair[klɛ:r]	un oiseau[œ̃nwazo]
chanter[ʃɑ̃te]	peut-être[pøtɛtr]	souffler[sufle]
la pomme[la pɔm]	mûr(e)[my:r]	la feuille[la fœj]
tomber[tɔ̃be]	emporter[ɑ̃pɔrte]	mort(e)[mɔ:r(mɔrt)]
la Corée[la kɔre]	un oiseau→des oiseaux	

◆ *Devoirs*

1 물음에 답하라.

1. Quelle est la plus belle saison de l'année?
2. Dans quelle saison pleut-il beaucoup?
3. Dans quelle saison avez-vous de la neige?
4. Quel temps fait-il aujourd'hui?
5. En Corée, quel temps fait-il en automne?

2 최상급으로 표시하라.

1. Tu es ________ grande.
2. Il est ________ âgé.
3. Ces robes sont ________ jolies.
4. Quelle est ________ (*bon*) vin?
5. Je choisis ________ (*beau*) fleurs.
6. Quelle est la saison ________ agréable de l'année?

3 적합한 비인칭동사를 변화시켜 채우라.

1. En éte, il ________ jour à quatre heures du matin.
2. Au mois de juillet, il ________ souvent en Corée.
3. Quel temps ________ -il aujourd'hui?
4. En hiver, il ________ et nous faisons du ski.
5. Au printemps, il ne ________ ni chaud, ni froid.
6. Il ________ arriver à l'heure à l'école.

19e (Dix-neuvième) LEÇON

◆ *Les verbes* DIRE *et* VOIR

Dire			*Voir*		
Indicatif présent			*Indicatif présent*		
Je dis	Nous disons		Je vois	Nous voyons	
Tu dis	Vous dites		Tu vois	Vous voyez	
Il dit	Ils disent		Il voit	Ils voient	
Impératif			*Impératif*		
Dis	Disons	Dites	Vois	Voyons	Voyez

◆ *Les pronoms relatifs*

(pour les personnes et pour les choses)

Le pronom relatif sujet: QUI

Ils saluent le professeur *qui* entre dans la classe.

(=Ils saluent *le professeur; le professeur* entre dans la classe.)

J'aime les fleurs *qui* poussent dans le jardin.

(=J'aime *les fleurs; les fleurs* poussent dans le jardin.)

antécédent	*pronom sujet*	*verbe*
le professeur	qui	entre
les fleurs	qui	poussent

Le pronom relatif objet: QUE

Voici mes parents *que* j'aime.

(=Voici *mes parents;* j'aime *mes parents.*)

Le chapeau que tu achètes va avec ta robe.

(=*Le chapeau* va avec ta robe; tu achètes *le chapeau.*)

Voici une photo de mon village, Regardez. Au centre du village, il y a une place et d'un côté de la place se trouve un café avec une petite terrasse. Au milieu de la place vous voyez une belle fontaine.

Dans mon village, il y a une église comme dans tous les villages de France. Et cette église a un clocher comme toutes les églises. Ce clocher a un toit qui est très pointu.

Des arbres poussent autour de l'église. En été, des arbres ont beaucoup de feuilles qui cachent le clocher.

Le matin et le soir, la cloche sonne. Elle sonne aussi pour les baptêmes ou pour les mariages, elle est joyeuse, elle est gaie, car elle chante la joie des hommes. Mais quand elle sonne pour les enterrements, elle est triste. Elle dit alors la peine des parents et des amis qui sont privés d'une personne aimée. La joie et la peine qu'elle chante, c'est notre joie et notre peine.

Tout, Toute, Tous, Toutes
Tout le jour——Toute la nuit
Tous les livres——Toutes les fleurs

---

une photo[yn fɔto]	au centre[o sɑ̃tr]	un village[œ̃ vila:ʒ]
une place[yn plas]	un côté [œ̃ kɔte]	se trouver[sə truve]
une terrasse[yn tɛras]	au milieu de[o miljø də]	
une fontaine[yn fɔ̃tɛn]	un clocher[œ̃ klɔʃe]	un village[œ̃ vila:ʒ]
une église[ynegli:z]	un toit[œ̃ twa]	pointu[pwɛ̃ty]
pousser[puse]	autour[otu:r]	cacher[kaʃe]
sonner [sɔne]	le baptême[lə batɛm]	le mariage[lə marja:ʒ]
joyeux(se)[ʒwajø(:z)]	la joie[ja ʒwa]	gai(e)[gɛ]
un enterrement[œ̃nɑ̃tɛrmɑ̃]		triste[trist]
dire[di:r]	alors[alɔ:r]	la peine[la pɛn]
privé[prive]	une personne[yn pɛrsɔn]	

◆ *Devoirs*

1 관계 대명사를 넣으라.

1. Les fleurs __________ vous choisissez sont belles.
2. Regardez la maison __________ est près de l'école.
3. Les livres __________ ils achètent sont chers.
4. Quelle est la leçon __________ vous étudiez aujourd'hui?
5. Qui est cette fille __________ chante?
6. Voici le livre __________ vous cherchez depuis trois jours.

2 다음 두 글을 관계대명사로 연결지으라.

1. Voici un toit; il est pointu.
2. Regardez les arbres; ils poussent dans le jardin.
3. Prenez ce vin; j'aime ce vin.
4. Qui est ce monsieur? ; vous saluez le monsieur.
5. Choisissez les fleurs; elles sont belles.
6. Achetez le sac brun; vous aimez le sac brun.

3 Dire 동사를 변화시키라.

1. Nous __________ : "Bonjour, monsieur"
2. Il __________ la joie des parents et des amis.
3. Elles __________ la peine des amis qui sont privés d'une personne aimée.
4. Vous __________ : "Comment allez-vous?"
5. Je __________ : "Très bien, merci."
6. Tu __________ : "Au revoir, Madame."

4 대응하는 남성형을 쓰라.

1. Elle est joyeuse; il est __________.
2. Elle est triste; il est __________.
3. Elle est gaie; il est __________.
4. Elle est vieille; il est __________.
5. Elle est jeune; il est __________.
6. Elle est heureuse; il est __________.

20e (Vingtième) LEÇON

◆ Le passé composé de l'indicatif

Le présent:

(*Aujourd'hui*) Je *parle* au professeur.

Le passé:

(*Hier*) *J'ai parlé* au professeur.

J'	*ai*	*parlé*	Je	n'ai pas	parlé	Ai-je parlé? (Est-ce que j'ai parlé?)		
Tu	*as*	*parlé*	Tu	n'as pas	parlé	As-tu parlé?		
Il	*a*	*parlé*	Il	n'as pas	parlé	A-t-il parlé?		
Nous	*avons*	*parlé*	Nous	n'avons pas	parlé	Avons-nous parlé?		
Vous	*avez*	*parlé*	Vous	n'avez pas	parlé	Avez-vous parlé?		
Ils	*ont*	*parlé*	Ils	n'ont pas	parlé	Ont-ils parlé?		

◆ Les verbes DEVOIR, ATTENDRE et PERDRE (*Indicatif présent*)

Devoir	*Attendre*	*Perdre*
Je dois	J' attends	Je perds
Tu dois	Tu attends	Tu perds
Il doit	Il attend	Il perd
Nous devons	Nous attendons	Nous perdons
Vous devez	Vous attendez	Vous perdez
Ils doivent	Ils attendent	Ils perdent

Passé composé:

être:	j'ai été	*avoir*:	j'ai eu[ʒe y]	*finir*:	j'ai fini
ouvrir:	j'ai ouvert	*faire*:	j'ai fait	*dire*:	j'ai dit
prendre:	j'ai pris	*boire*:	j'ai bu	*voir*:	j'ai vu
devoir:	j'ai dû	*attendre*:	j'ai attendu	*perdre*:	j'ai perdu

◆ *Nombres*

80=quatre-vingts	100=cent
81=quatre-vingt-un	101=cent un
82=quatre-vingt-deux	200=deux cents
90=quatre-vingt-dix	365=trois cent soixante-cinq
91=quatre-vingt-onze	1000=mille
92=quatre-vingt-douze	2000=deux mille
99=quatre-vingt-dix-neuf	3000=trois mille

《*La Salle de Théâtre Français*》

① Fauteuils d'Orchestre
② Avant-Scènes
③ Baignoires
④ Parterre
⑤ Fauteuils de Balcon
(Second Balcon)
⑥ Premières Loges
⑦ Deuxièmes Loges
⑧ Fauteuils
de Troisième Loges
⑨ Troisième Galerie
⑩ Fauteuils
de Quatrième Galerie
⑪ Quatrième Galerie

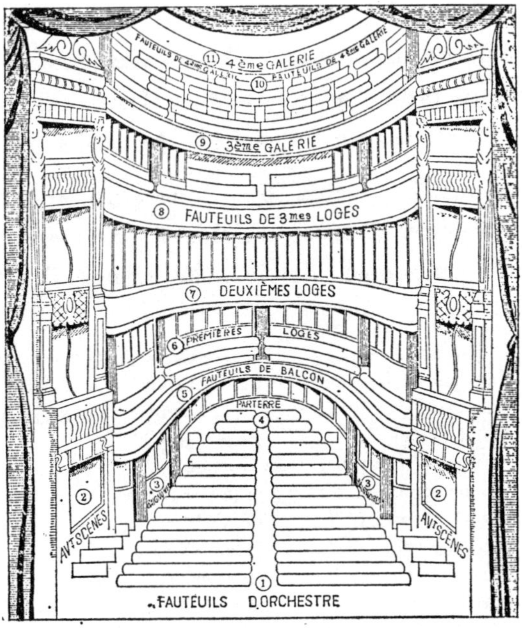

— Bonjour, Véronique. Qu'est-ce que tu as fait hier?

— J'ai travaillé.

— As-tu travaillé toute la journée?

— Non, j'ai travallé seulement dans la matinée.

— Et l'après-midi?

— A trois heures et demie, j'ai eu un rendez-vous avec Nathalie et Jacques au café de l'Université. Nous avons parlé de l'examen et nous avons regardé les passants. J'ai quitté mes amis à cinq heures moins le quart.

J'ai passé la soirée au Théâtre-Français. Devant le théâtre, il y a eu plus de cent personnes. Pour prendre mon billet, j'ai dû attendre à la porte pendant une heure. Je n'ai pas perdu cette heure cependant, car pendant tout ce temps j'ai parlé de beaucoup de choses avec une étudiante. J'ai demandé un billet de troisième galerie, car beaucoup d'étudiants y montent. On a joué «Le cid» de Cornelle.

Tous les acteurs ont joué admirablement leurs rôles. On annoncent le lever du rideau par trois coups qu'on frappe sur le plancher derrière la scène. Il n'y a pas de musique

---

la journée[la ʒurne] seulement[sœlmɑ̃] la matinée[la matine]
l'après-midi[ləprɛmidi] un rendez-vous[œ rɑ̃devu]
l'université[lyniversite] un examen[œ̃ nɛgzamɛ̃] le passant[lə pɑsɑ̃]
quitter[kite] passer[pɑse]
le Théâtre-Français[lə tea:trəfrɑ̃sɛ] cent[sɑ̃]
une personne[yn pɛrsɔn] prendre[prɑ̃:dr] un billet[œ̃ bijɛ]
devoir[dəvwa:r] dû[dy] pendant[pɑ̃dɑ̃]
perdre[pɛrdr] cependant[səpɑ̃dɑ̃] une chose[yn ʃo:z]
demander[dəmɑ̃de] la galerie[la galəri]
jouer[ʒwe] le Cid[lə sid] Corneille[kɔrnɛj]
un acteur[œ̃naktœ:r] admirablement[admirablmɑ̃]
un rôle[œ̃ ro:l] annoncer[anɔ̃se]
le lever du rideau[lə ləve dy rido] un coup[œ̃ ku]
frapper[frape] le plancher[lə plɑ̃ʃe] la scène[la sɛn]

entre les actes. Les spectateurs crient quelquefois « bravo ! » et après chaque acte « bis ! »

◆ *Devoirs*

1 다음 동사를 복합과거로 변화시키라.

1. avoir un stylo
2. dire bonjour
3. finir la leçon
4. aimer la musique
5. ouvrir la porte
6. faire les devoirs

2 복합과거로 고치라.

1. Ils passent la soirée au Théâtre-Français.
2. Beaucoup d'étudiants y montent.
3. Vous commencez votre leçon à neuf heures.
4. Au milieu de la place vous voyez une belle fontaine.
5. Le matin et le soir, la cloche sonne.
6. Est-ce qu'ils prennent le thé à quatre heures?

3 복합과거 의문형으로 고치라.

1. Vous devez attendre longtemps.
2. Elles attendent leurs parents et leurs amies.
3. A la porte du théâtre, il perd une heure.
4. Ils doivent prendre le thé à quatre heures.
5. Tu attends tes cousins et leurs amis.
6. Il perd son grand-père.

4 복합과거 부정형으로 고치라.

1. Elles parlent.
2. Ils mangent du pain.
3. Vous voyez la photo.
4. Tu demande un billet.
5. Je regarde les passants.
6. Tu travailles.

---

la musique[la myzik] un acte[œ̃nakt] le spectateur[lə spɛktatœːr]
crier[krje] quelque fois[kɛlkəfwa] bravo[bravo]
après[aprɛ] chaque[ʃak] bis[bis]

Révision

(leçons 16-20)

1 비교급 또는 최상급을 나타내라.

1. Voici trois robes; quelle robe est ________ *(neuf)*?
2. La ville de Séoul est ________ grande que la ville de New York.
3. En été, la nuit est ________ longue que le jour.
4. Paris est ________ *(beau)* ville du monde.
5. Le printemps est ________ *(bon)* saison de l'année.
6. L'hiver est la saison ________ agréaole de l'année.

2 동사를 현재와 복합과거로 변화시키라.

1. Nous *(avoir)* beaucoup de travail aujourd'hui.
2. Il n' *(étudier)* que le français.
3. Les enfants *(prendre)* du pain et du chocolat.
4. Madame Duval *(appeler)* son fils Paul.
5. La cloche de mon village *(chanter)* la joie et la peine.
6. Nous *(devoir)* préparer notre leçon de français.

3 적당한 관계대명사를 넣으라.

1. Voilà des étudiants ________ étudient le français.
2. Les enfants ________ ils voient sont gentils.
3. Le théâtre national ________ se trouve au Quartier Latin est le théâtre de l'Odéon.
4. Voilà le chapeau, ________ madame Duval a acheté.
5. Elle attend son oncle ________ arrive de Paris.
6. Voici la confiture ________ les enfants aiment beaucoup.

4 맞으면 《vrai》, 틀리면 《faux》라고 말하라.

1. En février il fait chaud.
2. En juillet il fait toujours beau.
3. En décemre il fait froid.
4. En août il fait froid.

Révision

5. En mars il fait souvent du vent.
6. En juin il fait beau.
7. Quand je ne vais pas bien, je quitte la maison.
8. Quand il fait beau, je fais une promenade.

5 Prendre 동사를 넣으라.

1. Michel __________ du pain.
2. Les enfants __________ du lait.
3. Nous __________ le thé.
4. __________ -vous du chocolat ou des gâteaux?
5. Je __________ du chocolat.
6. Elle ne __________ rien à quatre heures.

6 Boire 동사를 넣으라.

1. Que __________ -vous?
2. Nous __________ de l'eau.
3. Que __________ -on à Paris au petit déjeuner?
4. Est-ce que vous __________ du café au lait?
5. Oui, je __________ du café au lait.
6. Tu __________ du lait.

7 작 문

1. 당신은 아침 식사에 무엇을 잡수십니까? 나는 빵과 커피만을 먹습니다.
2. 당신은 몇 시에 일어납니까? 일곱 시 반에 일어납니다.
3. 일 년 중 어느 계절이 제일 좋습니까? 봄이 제일 좋은 계절입니다.
4. 봄에는 덥지도 않고 춥지도 않습니다. 날씨가 매우 좋습니다.
5. 광장 중앙에 있는 샘은 매우 아름답습니다.
6. 그들은 까페의 테라스에서 여자 친구들을 한 시간 반 동안 기다려야 했읍니다.

Texte ◆◆ Complémentaire ◆◆

Les maisons modernes à Paris

A Paris, les maisons sont plus hautes qu'en province.

Elle sont généralement quatre ou six étages. A chaque étage, il y a un ou plusieurs appartements. Dans chaque appartement demeure une famille. Il y a donc plusieurs familles dans une maison.

Au rez-de-chaussée, près de la porte, il y a une (un) concierge. Elle garde la maison et ouvre la porte. Quand, par exemple, un visiteur ou une visiteuse demande à la concierge: « C'est ici que demeure Monsieur Durand ? », elle répond: « Oui, monsieur, c'est au troisième étage à gauche », ou « Non, monsieur, il n'est plus ici; il demeure maintenant rue de Passy, numéro 7. »

On monte aux étages par des escaliers ou par un ascenseur. Les hommes âgés et les femmes préfèrent monter par l'ascenseur, mais généralement les enfants montent par l'escalier; ils ont de bonnes jambes.

> **— C'est...que...**
>
> ***Verbe RÊPONDRE:***
>
> | | | |
> |---|---|---|
> | Je réponds | Tu réponds | Il répond |
> | Nous répondons | Vous répondez | Ils répondent. |
> | J'ai répondu | | |

moderne[mɔdɛrn]	haut[o]	la province[la prɔvɛ̃:s]
demeurer[dəmœre]	donc[dɔ̃:k]	une concierge[yn kɔ̃sjɛrʒ]
garder [garde]	par exemple[par ɛgzɑ̃:pl]	un visiteur[œ̃ vizitœ:r]
une visiteuse[yn vizitϕ:z]	demander[dəmɑ̃de]	répondre[répɔ̃:dr]
la gauche[la go:ʃ]	la rue[la ry]	le numéro[lə nymero]
un ascenseur[œ̃nasɑ̃sœ:r]	la jambe[la ʒɑ̃:b]	

21e (*Vingt et unième*) LEÇON

◆ **Les pronoms personnels** (*Objet direct*)

	1ère personne	*2e personne*	*3e personne*
Singulier	me (moi)	te (toi)	le, la
Pluriel	nous	vous	les

Mes parents *m'*aiment.

Etudiez-vous *la leçon?* — Oui, nous *l'*étudions.

Où est *mon chapeau?* — *Le* voici.

Où sont *vos frères?* — *Les* voilà.

Dans l'impératif:

Voilà Henri. Appelez-*le*. Regardez-*moi*. Lève-*toi*.

Paul n'est pas là! Ne *le* cherchez pas.

◆ **Le pronom personnel neutre:** *EN*

J'achète les livres.	=	Je les achète.
J'achète *des livres*.	=	J'*en* achète.
J'aime les fruits.	=	Je les aime.
Je mange *des fruits*.	=	J'*en* mange.
Elle a assez de *fleurs*.	=	Elle *en* a assez.

◆ *OUI, NON, SI*

Est-ce que tu viens? — *Oui.* Est-ce que tu ne viens pas? — *Si.*

N'êtes-vous pas Français? — *Non,* je suis Coréen.

— Où allez-vous, maman ?

— Je vais au marché. Est-ce que tu ne viens pas ?

— Si. Mais qu'est-ce que vous allez acheter ?

— Je vais acheter des fruits, des légumes et une salade. Mais je ne vois pas ton chapeau, Philippe. Où est-il ?

— Le voici, maman.

— Mets-le tout de suite; et viens vite.

Au marché, Madame Duval choisit de belles pêches. Elle les mets dans son gros panier. Elle veut des légumes.

— Où sont les légumes ? Les vois-tu ?

— Les voilà, maman.

Madame Duval prend aussi des haricots, des carottes, des navets et de gros choux.

Chez le boucher, elle demande un poulet et un morceau de viande pour le pot-au-feu. Elle ne prend pas de jambon. Son mari n'en mange pas.

Elle voit de belles fleurs, mais elle ne veut pas en acheter parce qu'elle en a assez dans la maison.

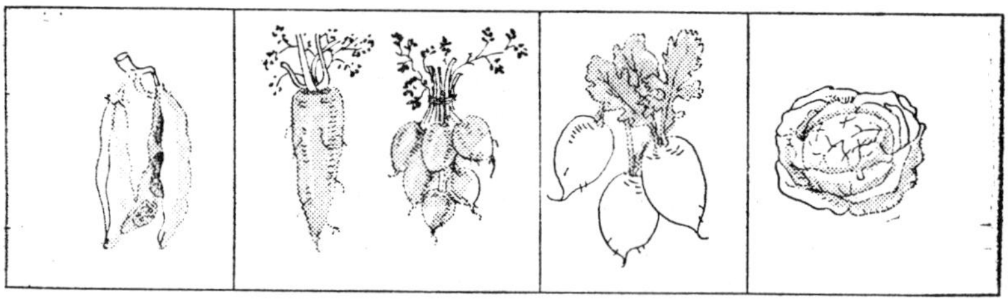

le haricot **la carotte** **le navet** **le chou**

Verbe METTRE

Je mets Nous mettons
Tu mets Vous mettez
Il met Ils mettent
J'ai mis

Verbe VOULOIR

Je veux Nous voulons
Tu veux Vous voulez
Il veut Ils veulent
J'ai voulu

◆ *Devoirs*

1 직접보어를 대명사로 고치라.

1. Ecoutez *le professeur.*
2. Elle regarde *les légumes.*
3. Elle met *les fleurs* dans le vase.
4. Cherchons *la rose.*
5. Ne mangez pas *les bananes.*
6. Aiment-ils *les fruits?*

2 En을 사용해서 문장을 고쳐 쓰라.

1. Les femmes achètent *des pêches.*
2. Choisissez *des robes.*
3. Elle met *des bananes* dans son panier.
4. Il n'y a pas *de viande.*
5. Elles ne prennent pas *de jambon.*
6. Nous n'avons pas assez *de légumes.*

3 다음 물음에 대명사를 사용하여 긍정형 또는 부정형으로 대답하라.

1. Voyez-vous le chapeau de Philippe?
2. Voulez-vous acheter des bananes?
3. Regardez-vous les arbres?
4. Cherchez-vous des légumes?
5. Aimez-vous les pêches?
6. Ecoutez-vous le professeur?

4 동사를 직설법 현재로 변화시키라.

1. Nous (*mettre*) __________ des fleurs à la fenêtre.
2. Je ne (*vouloir*) __________ pas aller au marché.
3. Est-ce qu'il (*mettre*) __________ son chapeau?
4. Ils ne (*vouloir*) __________ pas travailler.
5. (*vouloir*) __________ -tu prendre du café?
6. (*mettre*) __________ -tu un peigne dans ton sac?

22e (Vingt-deuxième) LEÇON

◆ Les pronoms personnels *(Objet indirect)*

	1ère personne	*2e personne*	*3e personne*
Singulier	me (moi)	te (toi)	lui
Pluriel	nous	vous	leur

Je donne une rose *à mon frère.* = Je *lui* donne une rose.
Je donne une rose *à ma sœur.* = Je *lui* donne une rose.
à mes frères. = *leur*
à mes sœurs. = *leur*
Donnez-moi une rose. =Donnez-*la-moi.*

◆ La place des pronoms personnels

Subjet	*ne*	*objet ind.*	*objet. dir.*	*objet ind.*	*verbe*	*pas*
Il	(ne)	*me*	*le,la,les*		donne	(pas).
Il	(ne)	*te*	*le,la,les*		donne	(pas).
Je	(ne)		*le,la,les*	*lui*	donne	(pas).
Il	(ne)	*nous*	*le,la,les*		donne	(pas).
Il	(ne)	*vous*	*le,la,les*		donne	(pas).
Je			*le,la,les*	*leur*	donne	(pas).

N.B. Il *m'en* donne. Il *nous en* donne.
Il *t'en* donne. Il *vous en* donne.
Je *lui en* donne. Je *leur en* donne.

◆ Les changements orthographiques *(IV)*

Envoyer		*Payer*	
J'envoie	Nous envoyons	Je paie (paye)	Nous payons
Tu envoies	Vous envoyez	Tu paies (payes)	Vous payez
Il envoie	Ils envoient	Il paie (paye)	Ils paient (payent)

Monsieur Duval a fini son petit déjeuner et il est prêt à sortir. Il dit à sa femme.

— Et Paul, où est-il? Je ne l'ai pas vu ce matin. Je veux lui parler. Est-ce qu'il ne descend pas?

Madame Duval lui répond:

— Je l'ai appelé. Il descend à l'instant.

— Et Catherine, que fait-elle?

— Catherine est en train d'écrire une lettre. Elle a reçu une lettre de son oncle Gustave.

Elle l'a reçue la semaine dernière, et elle n'a pas encore répondu à cette lettre.

Catherine aime bien son oncle Gustave qui est aviateur. Elle lui écrit au moins une fois par mois et il lui envoie souvent des cartes postales. Il les lui envoie de toutes les parties du monde, car il voyage beaucoup. Il lui envoie aussi des timbres. Elle fait la collection de timbres.

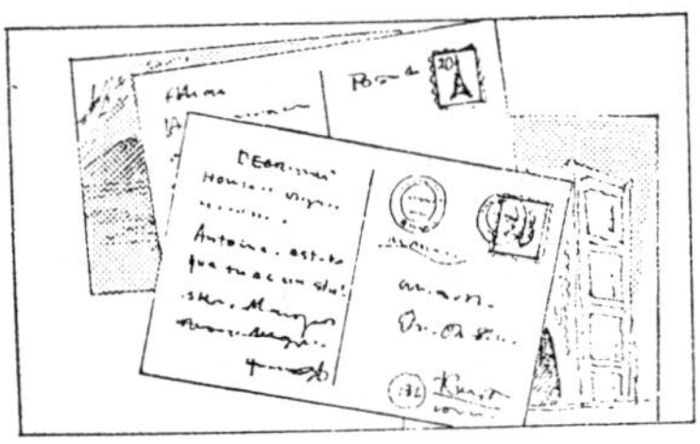

la carte postale

le timbre

Verbe DESCENDRE	*Verbe ECRIRE*	*Verbe RECEVOIR*
Je descends	J' écris	J' ai reçu
Tu descends	Tu écris	Tu as reçu
Il descend	Il écrit	Il a reçu
Nous descendons	Nous écrivons	Nous avons reçu
Vous descendez	Vous écrivez	Vous avez reçu
Ils descendent	Ils écrivent	Ils ont reçu
Je suis descendu	*J'ai écrit*	être en train de+*infinitif*

◆ *Devoirs*

1 줄 친 부분을 대명사로 고치라.

1. Il parle à sa tante.
2. Elle parle à ses parents.
3. Nous écrivons à notre oncle.
4. Vous écrivez à votre tante.
5. Il donne une fleur à sa femme.
6. Elle demande l'heure à sa voisine.
7. Le professeur montre la carte aux élèves.
8. Il vend de belles fleurs aux jeunes filles.
9. Donnez la rose à Véronique.
10. Il me montre la rose.
11. Je donne les crayons â mes amis.
12. Tu donne une rose à ton amie.

2 동사를 직설법 현재로 변화시키라.

1. Est-ce qu'il (*payer*) __________ un dîner à son ami?
2. Tu (*envoyer*) __________ une carte postale à ton cousin.
3. Nous (*descendre*) __________ de l'auto.
4. Ils (*recevoir*) __________ une lettre de leur oncle.
5. Nous (*écrire*) __________ une lettre à notre professeur.
6. Elle (*mettre*) __________ ses bas.

3 Oui 나 Non 이나 Si 로 대답하라.

1. Catherine n'aime-t-elle pas son oncle Gustave?
2. Catherine fait-elle la collection de timbres?
3. M. Duval ne veut-il parler à Paul?
4. Est-ce que Catherine a reçu une lettre de son oncle la semaine dernière?
5. Catherine a-t-elle déjà répondu à la lettre de son oncle?
6. Ne fait-elle pas la collection de timbres?

23e (*Vingt-troisième*) *LEÇON*

◆ *Le futur de l'indicatif*

Terminaison	*Etre*	*Avoir*	*Aimer*	*Finir*
-ai	Je ser*ai*	J' aur*ai*	J' aimer*ai*	Je finir*ai*
-as	Tu ser*as*	Tu aur*as*	Tu aimer*as*	Tu finir*as*
-a	Il ser*a*	Il aur*a*	Il aimer*a*	Il finir*a*
-ons	Nous ser*ons*	Nous aur*ons*	Nous aimer*ons*	Nous finir*ons*
-ez	Vous ser*ez*	Vous aur*ez*	Vous aimer*ez*	Vous finir*ez*
-ont	Ils ser*ont*	Ils aur*ont*	Ils aimer*ont*	Ils finir*ont*

Terminaison	*Partir*	*Ouvrir*	*Prendre*	*Attention !*
-ai	Je partir*ai*	J' ouvrir*ai*	Je prendr*ai*	*Aller:* J'irai
-as	Tu partir*as*	Tu ouvrir*as*	Tu prendr*as*	*Faire:* Je ferai
-a	Il partir*a*	Il ouvrir*a*	Il prendr*a*	*Recevoir:*
-ons	Nous partir*ons*	Nous ouvrir*ons*	Nous prendr*ons*	Je recevrai
-ez	Vous partiir*ez*	Vous ouvrir*ez*	Vous prendr*ez*	*Voir:* Je verrai
-ont	Ils partir*ont*	Ils ouvrir*ont*	Ils prendr*ont*	*Vouloir:* Je voudrai

N.B. Quelques verbes en —RE: —R+AI, AS,…

◆ *Le pronom relatif: OÙ*

le temps: C'est l'heure *où* je vais à l'école.

le lieu: Ils iront au petit lac *où* ils se baigneront.

Verbe PARTIR:

Je pars Tu pars Il part

Nous partons Vous partez Ils partent Je suis parti

Les Duval vont le mois de juillet à la campagne. Ils partiront demain. Ils prendront un taxi pour aller à la gare. Monsieur Duval prendra les billets.

Catherine et Paul emporteront leurs livres. Leur petit chien fera son voyage dans le panier, mais il sera content de courir dans les champs quand il sera à la campagne.

Madame Duval emportera des sandwichs et des fruits, car elle sait que les enfants auront faim quand ils seront fatigués. Ils auront soif aussi et Philippe aura sommeil.

Tout le monde s'amusera pendant les vacances. Le père ira à la pêche. S'il fait beau, la mère fera des promenades dans les bois. Elle ira prendre le thé chez des voisines de temps en temps. Catherine et Paul iront au petit lac où ils se baigneront. Si leur grand cousin les accompagne, ils pourront faire même du canotage.

Loin de la ville, les Duval se reposeront bien. Ils seront heureux de respirer l'air pur de la campagne.

Verbe SAVOIR

Je sais	Nous savons
Tu sais	Vous savez
Il sais	Ils savent
Je ai su	Sache
Je saurai	Sachons Sachez

Verbe POUVOIR

Je peux (puis)	Nous pouvons
Tu peux (puis)	Vous pouvez
Il peut (puit)	Ils peuvent
J'ai pu	Je pourrai

◆ *Devoirs*

1 다음 동사를 미래와 근접미래로 고치라.

1. Je *finis* mon travail.
2. Elle *achète* une carte postale.
3. Elle *voit* le clocher de l'église.
4. Ils *sont* heureux.
5. Vous *faites* vos devoirs.
6. Elles *se lavent.*

2 다음 동사를 현재, 복합과거, 미래로 고치라.

1. Tu (*ouvrir*) __________ la porte.
2. Elles (*voir*) __________ une église.
3. Vous (*pouvoir*) __________ arriver à l'heure.
4. Son oncle (*envoyer*) __________ des cartes postales.
5. Elle (*vouloir*) __________ aller au théâtre.
6. Vous (*mettre*) __________ votre cravate neuve.

3 Pouvoir 동사를 현재로 변화시켜 넣으라.

1. Je ne __________ plus travailler.
2. Mes enfants, maintenant vous __________ rentrer.
3. Nous __________ arriver à l'heure.
4. __________ -ils aller au théâtre?
5. __________ -vous aller au cinéma?
6. Elle __________ voyager.

4 다음 동사를 현재와 미래로 변화시켜 넣으라.

1. (*manger*) Nous __________ du pain.
2. (*finir*) Elle ne __________ jamais ses devoirs.
3. (*rester*) Je __________ chez ma cousine.
4. (*partir*) Qui __________?
5. (*quitter*) On __________ la gare.
6. (*ouvrir*) Elle __________ la fenêtre.

24e (*Vingt-quatrième*) LEÇON

◆ *Le passé composé des verbes intransitifs conjugués avec ÊTRE*

Aller						*arriver*
Je	suis	allé (e)	Nous	sommes	allé (e) (s)	*monter*
Tu	es	allé (e)	Vous	êtes	allé (e) (s)	*descendre*
Il	est	allé	Ils	sont	allés	*entrer*
Elle	est	allée	Elles	sont	allés	*rentrer*
						rester, etc

◆ *Les réfléchis, l'accord du participe passé*

Se promener					
Je	me suis	promené (*e*)	Nous	nous sommes	promné (*e*) s
Tu	t'es	promené (*e*)	Vous	vous êtes	promené (*e*) (*s*)
Il	s'est	promené	Ils	se sont	promenés
Elle	s'est	promenée	Elles	se sont	promenées
Je	ne me suis pas	promené (*e*)	Nous	ne nous sommes pas	promené (*e*) s
Tu	ne t'es pas	promené (*e*)	Vous	ne vous êtes pas	promené (*e*) (*s*)
Il	ne s'est pas	promené	Ils	ne se sont pas	promenés
Elle	ne s'est pas	promenée	Elles	ne se sont pas	promenées

◆ *Depuis, Il y a, Dans*

Il cherche un appartement *depuis* un mois.
Elle est malade *depuis* trois semaines.
Il y a une heure *qu'il* parle.
Le dîner sera prêt *dans* une demi-heure.

Nathalie vient de rentrer. Elle porte un paquet qu'elle donne à sa mère.

— C'est pour vous, maman. Je vous en fais cadeau. Cela va vous faire plaisir.

C'est une écharpe bleue que sa mère désire depuis longtemps. Elle remercie sa fille et l'embrasse.

Nathalie a eu une journée bien remplie. Elle s'est levée à sept heures moins le quart comme d'habitude; elle s'est vite habillée; elle a avalé un petit pain et du café avant de sortir. Elle est allée d'abord chez sa cousine Juliette.

Les deux jeunes filles ont joué au tennis et vers dix heures et demie elles sont sorties pour descendre en ville. Elles ont fait des achats et elles sont retournées chez Juliette pour déjeuner.

Elles ont fait des achats.

L'après-midi elles se sont promenées dans le boulevard. Puis elles sont allées prendre le thé au Café de la Paix où elles sont restées jusqu'à six heures moins dix. Le père de Nathalie est rentré il y a un quart d'heure et le dîner sera prêt dans une demi-heure.

Venir de + infinitif: Nathalie vient de rentrer.

Faire cadeau de: Je lui ai fait cadeau d'un beau livre.

Faire plaisir à: Ce cadeau fera plaisir à Nathalie.

Verbe SORTIR

Présent	Futur / Passé composé
Je sors N. sortons	Je sortirai
Tu sors V. sortez Il sort Ils sortent	Je suis sorti

◆ *Devoirs*

1 복합과거로 변화시키라.

1. Tu vas au théâtre de l'Odéon.
2. Ils partent à huit heures.
3. Nous jouons au tennis.
4. Elles arrivent chez leur amie.
5. Vous vous levez à sept heures.
6. Elles se promènent dans le boulevard.

2 근접미래와 근접과거로 고치라.

1. Nous prenons notre petit déjeuner.
2. Vous finissez votre dîner.
3. Je vais à la campagne.
4. Elle descend en ville.
5. Ils entrent dans la salle à manger.
6. Ils commencent leur repas.

3 본문을 읽고 답하라.

1. A quelle heure Nathalie s'est-elle levée?
2. Où est-elle allée après le petit déjeuner?
3. Avec qui a-t-elle joué au tennis?
4. Où se sont-elles promenées?
5. Chez qui ont-elles pris le thé?
6. Jusqu'à quelle heure sont-elles restées chez leur amie?
7. Qui vient de rentrer?
8. Que lui donne-t-elle?

25e (*Vingt-cinquième*) *LEÇON*

◆ *Les verbes pronominaux*

1) ***Réfléchis:*** Se lever, se promener, se laver, etc.
Ils *se lèvent* pour saluer le professeur.
Elles *se promènent* dans la rue.

2) ***Réciproques:*** Se regarder, s'aimer, se téléphoner, etc.
Paul et Robert *se regardent* (mutuellement).

3) ***Passifs:*** Se voir, se vendre etc.
La maison *se voit* de loin.
Ces livres se vendent cher.

4) ***Simplement pronominaux:*** s'écrier, se mettre, etc.
Ils *se mettent* à travailler.

◆ *Les pronoms adverbiaux: EN, Y*

EN:	1)	Le professeur parle *de Paris.*	Il *en* parle.
		Elle est contente *de sa visite.*	Elle *en* est contente.
	2)	Il descend *du train.*	Il *en* descend.
Y:	1)	Nous allons *à Paris.*	Nous *y* allons.
		Elle entre *dans l'église.*	Elle *y* entre.
	2)	Pierre répond *à la question.*	Pierre *y* répond.

◆ *Les changements orphographiques (V)*

préférer		*espérer*	
Je préfère	Nous préférons	J' espère	Nous espérons
Tu préfères	Vous préférez	Tu espères	Vous espérez
Il préfère	Ils préfèrent	Il espère	Ils espèrent

Il est huit heures et demie du matin.

Jacques est à la maison, dans la salle à manger. Il est en train de prendre son petit déjeuner. Il regarde sa montre pour savoir l'heure. Il est temps de partir.

Jacques finit son café, quitte la salle à manger, cherche ses livres et son pardessus, et sort de la maison.

Voici Jacques et Nathalie qui marchent ensemble vers l'université. Ils se sont rencontrés dans la rue, devant le bureau de poste. Ils causent en descendant la rue. Ils vont danser dimanche prochain chez Nathalie et ils en parlent. Tous les étudiants se dépêchent. Ils espèrent arriver à leur conférence de neuf heures.

Jacques et Nathalie arrivent à la porte de l'amphithéâtre et ils entrent juste avant le professeur. Tous les autres étudiants sont assis. Jacques et Nathalie s'asseyent près de la fenêtre.

Le professeur entre, ferme la porte, va à son bureau. Il y met ses livres. Les étudiants se lèvent pour saluer le professeur.

Le professeur se mettent à parler. Tout le monde écoute le professeur avec attention.

- — être en train de...
- — en descendant...
- — il est temps de...
- — se mettre à...

Verbe S'ASSEOIR

Je	m'assieds	Nous nous	asseyons
Tu	t'assieds	Vous vous	asseyez
Il	s'assied	Ils	s'asseyent
Je	m'assiérai	Je me	suis assis.

◆ *Devoirs*

1 밑줄 친 말을 대명사로 바꾸어 쓰라.

1. Les enfants sont en train de jouer au jardin.
2. Aujourd'hui nous n'allons pas au parc.
3. Est-ce qu'elles ne veulent pas de viande?
4. Sylvie, choisissez des roses.
5. Nathalie entrez dans la salle de conférence.
6. Les enfants donnent des fleurs à leur mère.
7. Nous n'avons pas assez de légumes.
8. Ne les mettez pas sur la table.

2 괄호 안의 동사를 현재와 복합과거로 변화시키라.

1. Les jeunes filles (*se promener*) dans la rue.
2. Les voyageurs (*descendre*) du train.
3. Catherine et sa cousine y (*monter*).
4. Jacques et Nathalie y (*aller*) hier.
5. Nous (*se rencontrer*) dans la rue.
5. L'université (*se voir*) de loin.

3 밑줄 친 말을 대명사로 바꾸어 쓰라.

1. Buvez-vous du café?
2. Present-ils à leur voyage?
3. Est-ce que vous montez dans le train?
4. Allez-vous souvent au théâtre?
5. Parlez-vous de Paris?
6. Répondez-vous bien aux questions?

◆◆◆ *Textes complémentaires* ◆◆◆

— Allô ! Ici madame Martin. Est-ce que madame Dubois est chez elle ?

— Oui, c'est moi. Bonjour, Colette. Tu es à Paris ?

— Pas encore. Je te téléphone de Lyon, mais je vais être à Paris mercredi.

— Ah ! c'est une bonne idée ! Tu arrives à onze heures ?

— Oui.

— C'est très bien. Nous allons faire beaucoup de choses. Mercredi, tu manges avec moi. Marc est à son bureau et les enfants ne rentrent pas du lycée à midi. Nous allons pouvoir bavarder...

— Merci. Je veux te voir, mais je veux aussi de sortir.

— Tu sais ! Les magasins de Paris te plaisent, et tu vas acheter quatre ou cinq robes et deux ou trois manteaux !

— Oh non ! Mais tu as raison, je veux faire des courses.

— Bon ! Faisons des courses ensemble mercredi après-midi. Nous pouvons aller au théâtre le soir.

— Et je vais t'inviter au restaurant.... Mais ton mari et tes enfants...

— Oh ! je vais leur faire un bon dessert.

— C'est bien ! Tu penses toujours à ta famille !

— Mais non ! Maintenant, je pense à toi. A mercredi. Je t'attends à la maison.

Le corbeau et le renard

Je vais vous raconter une fable de la Fontaine: « Le Corbeau et le Renard ». Un jour le corbeau est sur un arbre. Il tient dans son bec un morceau de fromage. Au pied de l'arbre il y a un renard.

Ce renard a faim, il n'a rien à manger. Il sent l'odeur du fromage, et il vient parler au corbeau. Il lui dit: « Hé ! bonjour Monsieur du Corbeau ! Vous êtes vraiment très joli. »

Et il continue de cette manière: « Si votre voix est aussi belle que vos belles plumes, vous êtes sans doute le roi de ces bois. »

A ces mots le corbeau est si content qu'il ouvre son bec pour chanter, le fromage tombe à terre. Le renard le saisit et le mange.

Pauvre corbeau stupide !

《*Proverbes*》

Qui ne dit mot, consent !

Qui ne risque rien, n'a rien.

Comme on fait son lit on se couche.

Pas de nouvelles, bonnes nouvelles.

Révision

(leçons 21-25)

1 관계대명사를 넣으라.

1. C'est l'heure ________ il prend son petit déjeuner.
2. Voilà la maison ________ il est né.
3. Où est l'élève ________ n'a pas répondu?
4. Est-ce Robert ________ se lève de bonne heure?
5. Quelles sont les fleurs ________ elle aime le plus?
6. Nous allons au parc ________ il y a de beaux arbres.

2 의문형으로 고치고 부정형으로 답하라.

1. Vous voulez du café.
2. Nous nous couchons de bonne heure.
3. Elle s'appelle Catherine.
4. La robe neuve va à Catherine.
5. Les robes vont avec le chapeau neuf.
6. Ils jettent les mauvaises pommes.

3 밑줄 친 말을 대명사로 고치라.

1. Ne prenons pas de thé.
2. Je vois des fruits sur la table.
3. Montrez la lettre à votre ami.
4. Y a-t-il de la viande?
5. Nous voyons les livres sur la table.
6. Il y a beaucoup de timbres.

4 작 문

1. 내가 방금 그녀를 불렀읍니다. 곧 내려 올 것입니다.
2. 방학 동안에 모든 사람들은 즐겁게 놀았읍니다.
3. 그는 세계 도처에서 우리에게 그림엽서를 보내 줍니다. 여행을 많이 하기 때문입니다.
4. 이 꽃들은 아름답군요. 그러나 나는 그것을(en) 사지 않겠읍니다.
5. 그는 나에게 한송이의 장미꽃을 주고 나는 그에게 펜지꽃을 줍니다.

26e (*Vingt-sixième*) LEÇON

◆ *L'accord du participe passé*

1. ***L'auxiliaire AVOIR***

a) Elle a acheté une écharpe.

Nous avons déjeuné. (*pas d'accord avec le sujet*)

b) *Quels livres* as-tu lus?

Voici *la maison qu'*il a achetée.

(*accord avec l'objet direct, s'il précède le participe*)

2. ***L'auxiliaire ÊTRE***

a) Hier, ils sont allés à la campagne.

Elles sont venues. (*accord avec le sujet*)

b) ***Verbes pronominaux:***

Elle *s'*est brûlée.

Ils *se* sont aimés l'un l'autre.

(*accord avec le pronom réfléchi, s'il est l'objet direct*)

Elle s'est brûlé la main.

Elles se sont raconté des histoires.

Elles se sont téléphoné l'une à l'autre.

(*pas d'accord, si le pronom réfléchi n'est pas l'objet direct*).

◆ *Les formes plurielles irrégulières*

un cheval→des chevaux	une voix →des voix
un oiseau→des oiseaux	signe amical →signes amicaux
un bijou →des bijoux	beau livre →beaux livres
(chou, hibou, joujou)	cheveu gris →cheveux gris
(caillou, genou, pou)	général fameux→généraux fameux
un bras-des bras	
l'œil→les yeux	le cile→les cieux (les ciels)

Une Histoire d'Amour

(L'accord du participe passé)

Il *m*'a ***vue.***

Il ***m***'a ***regardée.***

Il ***m***'a ***parlé.***

Il *m*'a ***donné des fleurs.***

Il a fait très chaud aujourd'hui. La famille Duval est assise maintenant dans le jardin où il fait frais après la chaleur excessive de la journée.

M. Duval dit à Catherine:

— Qu'as-tu fait aujourd'hui, Catherine ?

— J'ai fait beaucoup de choses, Papa. Maman a fait des courses ce matin, et je l'ai accompagnée. Au marché, elle a trouvé de belles oranges; elle en a acheté six. Je les ai mises dans mon panier et je les ai portées à la maison. Cet après-midi, je suis allée chez mon amis Louise. Elle a une nouvelle raquette de tennis qui lui plaît beaucoup. Elle l'a reçue il y a huit jours pour son anniversaire. Elle a dix-sept ans maintenant.

Philippe s'est promené au parc qui se trouve près de chez Robert.

— Où as-tu rencontré Robert, Philippe ?

— Nous nous sommes rencontrés dans la rue. Je l'ai invité à faire

---

Verbe PLAIRE

Je plais	Nous plaisons	J'ai plu
Tu plais	Vous plaisez	Je plairai
Il plaît	Ils plaisent	

une promenade au parc. Nous nous sommes raconté beaucoup d'histoires et nous nous sommes montré des photos de vacances.

— Quels animaux as-tu vus, Philippe ?

— Nous avons vu des animaux sauvages: un lion, un tigre, un loup, un renard, un ours, des singes et un aigle.

◆ *Questionnaire*

1) Quel temps a-t-il fait aujourd'hui ?
2) Où est assise la famille Duval ?
3) Fait-il chaud dans le jardin ?
4) A qui Monsieur Duval parle-t-il ?
5) Qui a accompagné maman ?
6) Qu'est-ce que maman a trouvé au marché ?
7) Combien d'oranges a-t-elle achetées ?
8) Où Catherine a-t-elle mis ces oranges ?
9) Qu'est-ce que Louise a reçu pour son anniversaire ?
10) Qu'est-ce que Robert et Philippe ont fait au parc ?

◆ *Devoirs*

1 ***Mettez le participe passé.***

1. Quelle fleur a-t-il (*donner*)?
2. Où sont les oranges que vous avez (*acheter*)?
3. Où est votre raquette? Je l'ai (*laisser*) à la maison.
4. Elles se sont (*laver*) la figure et les mains.
5. Leurs cousines sont belles, n'est-ce pas? Je ne les ai pas (*voir*).
6. Elles sont (*partir*) il y a une demi-heure.
7. Voici les photos qu'il a (*prendre*).
9. Catherine et Louise se sont (*apercevoir*) de loin; elles se sont (*faire*) des signes à la main.

2 En을 사용해서 답하라.

1. A-t-elle acheté une autre robe?
2. Combien de livres avez-vous?
3. Y a-t-il des singes dans votre jardin?
4. Avez-vous beaucoup de crayons?
5. Mettez-vous des roses sur la table?
6. Combien de nez avez-vous?

3 복수로 고치라.

1. le vieux général
2. le père malheureux
3. le gros chou
4. le chapeau gris
5. une voix douce
6. le beau cheval
7. le cheveu blanc
8. l'œil bleu

27e (*Vingt-septième*) LEÇON

◆ Le féminin des noms (*Formes irrégulières*)

un ami	une ami*e*	⟶ e
le fermi*er*	la fermi*ère*	er ⟶ ère
le paysa*n*	la paysa*nne*	n ⟶ nne
le dans*eur*	la dans*euse*	eur ⟶ euse
le peur*eux*	la peur*euse*	eux ⟶ euse
un act*eur*	une act*rice*	eur ⟶ rice

le prince ⟶ la princesse
le roi ⟶ la reine

◆ Les verbes de perception:

VOIR, REGARDER, ENTENDRE, ÉCOUTER

Nous *voyons* les garçons *jouer* au tennis.
On *entend chanter* les oiseaux.
J'ai *vu punir* ce garçon.
J'ai *vu punir* ce garçon *par* son père.

◆ *TOUT*

1) ***Adjectifs:*** *Tous* les garçons sont là.
Tout le pays (le pays entier) est beau.
Tout pays (chaque pays) est beau.

2) ***Pronoms:*** Ici, *tout* me plaît. (*neutre singulier*)
Tous sont là. Ils sont tous [tus] gentils.

3) ***Adverbe*** (*invariable*)***:*** Elles sont *tout* heureuses.
Attention !
Devant un adjectif féminin commençant par une consonne:
Elle est *toute* bonne.

« Que ferons-nous ce soir ? », dit monsieur Duval.

— Eh bien, j'ai une idée: allons au cinéma. C'est plus amusant que le concert et moins fatigant que le théâtre, dit Paul.

— Ma foi, non, dit Catherine, je réserve le cinéma pour les après-midi pluvieux. Je préfère aller au Théâtre Français. Ce soir le programme est le plus intéressant de la semaine.

— Je trouve que c'est trop sérieux, dit Philippe, je propose le cirque.

— Si cela vous est égal, dit madame Duval, je préfère aller à l'Opéra. Ce soir, on donne "Carmen" de Bizet.

— C'est çà ! je n'y ai pas pensé, dit Paul, allons à l'Opéra.

Le Théâtre Français est un théâtre national: on y joue surtout des pièces classiques: tragédies, comédies et rarement des pièces modernes. On y entend parler la meilleure prononciation, car les artistes qui jouent dans ce théâtre sont presque tous des acteurs et des actrices de tout premier ordre.

A l'Opéra, on entend une très belle musique, avec de bons chanteurs et de bonnes chanteuses; on y voit aussi des ballets avec les meilleures danseuses.

Verbe PUNIR se conjugue comme le verbe FINIR.

Préférer+inf.:

— Je *préfère rester* à la maison.

— Il *préfère mourir* plutôt que (de) mentir.

Attention, on entend les trois coups.

Le rideau se lève. La pièce va commencer.

Les acteu[illegible] en scène.

Questionnaire

1) Qu'est-ce que Paul propose?
2) Où Catherine veut-elle aller?
3) Le programme du Théâtre Français est-il intéressant ce soir?
4) Qu'est-ce que Philippe propose?
5) Où madame Duval veut-elle aller?
6) Qu'est-ce qu'on donne ce soir à l'Opéra?
7) Qu'est-ce qu'on joue au Théâtre Français?
8) Est-ce qu'on y joue aussi des pièces modernes?
9) Où entend-on la musique?
10) Où voit-on les ballets?

Devoirs

1 ***Remplacez le nom souligné par un pronom personnel ou adverbial, et n'oubliez pas l'accord du participe passé.***

1. J'ai donné la pomme à la petite fille.

2. Qui a parlé aux agents de police?
3. Ne montrez pas les photos aux enfants.
4. Envoyez les cartes à votre oncle.
5. Elle m'a donné des bananes.
6. Il y a beaucoup de crayons: il y a douze crayons.
7. Nous avons vu les cahiers sur la table.
8. J'ai trouvé un costume dans la valise.

2 *Complétez les réponses.*

1. Qui est parti? Sylvie _____. Nous _____.
2. Qui est descendu? Les étudiantes _____.
3. Etes-vous tombés? Nous ne _____ pas _____.
4. Etes-vous resté à la maison? Non, je ne _____ pas _____ à la maison, ma mère _____ à la maison.
5. Vous êtes-vous levés de bonne heure? Nous _____ de bonne heure. Jean ne _____ de bonne heure.
6. Vous êtes-vous couchée tard? Je ne _____ tard. Louise _____ tard.

3 *Complétez les phrases en utilisant le mot* **'tout'**.

1. La ville _____ entière est en mouvement et _____ pleine de bruit.
2. Elles sont _____ très aimables.
3. _____ est intéressant dans cette pièce de théâtre.
4. _____ les matins, il se promène au parc.

4 *Ecrivez le féminin des noms ci-dessous à l'aide du dictionnaire.*

1. le musicien
2. l'étranger
3. l'aviateur
4. l'Italien
5. le directeur
6. le maître

5 *Ecrivez le masculin des noms ci-dessous à l'aide du dictionnaire.*

1. l'ouvrière
2. la comtesse
3. l'hôtesse
4. l'épicière
5. la vendeuse
6. la boulangère

28e (Vingt-huitième) LEÇON

◆ L'imparfait de l'indicatif

Pour faire l'imparfait:

1) ***Prenez la 1ère personne du pluriel du présent:***

Nous aimons — Nous finissons — Nous faisons.

2) ***Supprimez -ons et mettez: -ais, -ais, -ait, -ions, -iez, -aient:***

Aimer	*Finir*	*Faire*
J' aim*ais*	Je finiss*ais*	Je fais*ais*
Tu aim*ais*	Tu finiss*ais*	Tu fais*ais*
Il aim*ait*	Il finiss*ait*	Il fais*ait*
Nous aim*ions*	Nous finiss*ions*	Nous fais*ions*
Vous aim*iez*	Vous finiss*iez*	Vous fais*iez*
Ils aim*aient*	Ils finiss*aient*	Ils fais*aient*

Avoir	*Être*	*Vivre*
J' avais	J' étais	Je vivais
Tu avais	Tu étais	Tu vivais
Il avait	Il était	Il vivait
Nous avions	Nous étions	Nous vivions
Vous aviez	Vous étiez	Vous viviez
Ils avaient	Ils étaient	Ils vivaient

L'emploi de l'imparfait:

1) ***L'imparfait indique généralement 'une action passée qui dure':***

Hier, il *pleuvait.*

2) ***L'imparfait peut indiquer 'une action passée qui se produit en même temps qu'une autre'.*** (Imparfait de simultanéité)

Elle *travaillait* toujours quand il est rentré à la maison.

Tu *jouais* quand je *travaillais.*

La jeunesse de Grand-maman

Grand-maman est très vieille, mais elle se porte bien et elle est très gaie.

Ses petits enfants s'amusent beaucoup chez elle. Ils aiment surtout les histoires que Grand-maman leur raconte.

Lorsqu'elle était jeune, Grand-maman habitait la Chine avec ses parents. Son père y était ingénieur et a passé quatre ans en Chine.

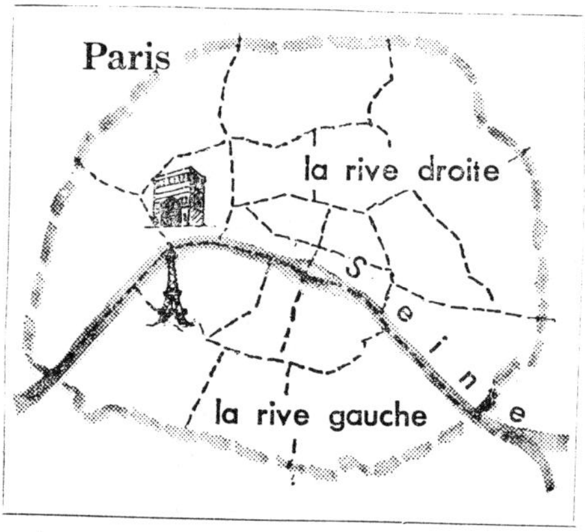

A l'âge de 17 ans, Grand-maman faisait ses études à Paris pendant que ses parents demeuraient à Marseille. Son frère aîné faisait son droit à cette époque-là et tous deux vivaient avec une tante, la sœur de leur mère, qui avait un joli appartement sur la rive gauche.

Après son mariage, Grand-maman a passé quelques années en Italie, une année en Angleterre et une année aux Etats-Unis.

Elle a fait de beaux voyages en Suisse, en Allemagne et en Espagne. Elle a donc vu beaucoup de belles choses, elle connaît beaucoup de grandes villes de l'Europe et elle en parle d'une façon intéressante.

Verbe VIVRE

Je vis	Nous vivons	Je vivrai
Tu vis	Vous vivez	Je vivais
Il vit	Ils vivent	J'ai vécu.

Verbe CONNAITRE

Je connais	Nous connaissons	Je connaîtrai
Tu connais	Vous connaissez	Je connaissais
Il connaît	Ils connaissent.	J'ai connu

L'Allemagne	allemand	aller en Allemagne
L'Angleterre	anglais	en Angleterre
La Belgique	belge	en Belgique
Le Brésil	brésilien	au Brésil
Le Canada	canadien	au Canada
La Chine	chinois	en Chine
La Corée	coréen	en Corée
L'Espagne	espagnol	en Espagne
Les Etats-Unis	américain	aux Etats-Unis
La France	français	en France
La Grèce	grec	en Grèce
L'Iran (*m.*)	iranien	en Iran
L'Italie	italien	en Italie
Le Japon	japonais	au Japon
Le Mexique	mexicain	au Mexique
La Suède	suédois	en Suède
La Suisse	suisse	en Suisse
L'U.R.S.S.	russe	en U.R.S.S.

◆ *Questionnaire*

1) Les petits enfants s'amusent-ils bien chez Grand-maman?
2) Grand-maman leur raconte-t-elle des histoires?
3) Où habitait-elle quand elle était jeune?
4) Quelle était la profession de son père?
5) Combien d'années a-t-il passé en Chine?
6) Que faisait Grand-maman à l'âge de 17 ans?
7) Où demeuraient ses parents?
8) Que faisait son frère?
9) Avec qui vivaient les deux étudiants?
10) Dans quels pays Grand-maman a-t-elle voyagé?

◆ *Devoirs*

1 ***Conjuguez à l'imparfait.***

1. J'ai des amis.
2. Je finis mon travail.
3. Je vends des fleurs.
4. Je connais beaucoup de villes.
5. Je vis avec mes parents.
6. Je ne suis pas fatigué.

2 ***Mettez au passé composé et à l'imparfait.***

1. J'ai mal à la tête.
2. Nous cherchons nos amis.
3. Elle vit avec sa tante.
4. Il nous dit bonjour.
5. Elles viennent souvent.
6. Ils font de longues promenades.
7. Qui prend les billets?
8. Vous ne connaissez pas Paris.

3 ***Mettez au passé composé ou à l'imparfait selon le sens.***

1. Je (*faire*) _____ mon devoir quand il (*venir*) _____.
2. Je (*travailler*) _____ pendant qu'elle (*parler*) _____.
3. Maman (*venir*) _____ voir ce que je (*faire*) _____.
4. Il (*passer*) _____ deux ans à Paris.
5. Toute la famille (*être*) _____ déjà à table quand il (*entrer*) _____ dans la salle à manger.
6. Je (*être*) _____ encore dans ma chambre quand l'heure du dîner (*arriver*) _____.

29e *(Vingt-neuvième) LEÇON*

◆ *L'emploi de l'imparfait (suite):*

L'imparfait peut indiquer:

2) ***Une action passée qui se répète*** *(imparfait **de répétition ou** d'habitude)*

Pendant les vacances, Monsieur Duval *allait* à la pêche tous les matins.

Attention aux verbes en -CER, -GER

Je	commençais	Je	mang*e*ais
Tu	commençais	Tu	mang*e*ais
Il	commençait	Il	mang*e*ait
Nous	commencions	Nous	mangions
Vous	commenciez	Vous	mangiez
Ils	commençaient	Ils	mang*e*aient

◆ **Les verbes** *LIRE et SERVIR*

Indicatif présent

Je lis	Nous lisons	Je sers	Nous servons
Tu lis	Vous lisez	Tu sers	Vous servez
Il lit	Ils lisent	Il sert	Ils servent

Passé composé

J'ai lu	Nous avons lu	J'ai servi	Nous avons servi

Futur

Je lirai	Nous lirons	Je servirai	Nous servirons

Imparfait

Je lisais	Nous lisions	Je servais	Nous servions

Les Duval ont passé les vacances d'été dans une maison de campagne qui se trouve en Provence. Là, ils se sont bien reposés.

Monsieur et Madame Duval se levaient tôt tous les matins, mais les enfants ne se levaient qu'à sept heures. Monsieur Duval faisait un peu de culture physique avant de faire sa toilette. Après le petit déjeuner, Monsieur Duval allait s'asseoir une ou deux heures dans un bon fauteuil. Il lisait un journal ou une revue. Ensuite il allait à la pêche au bord d'un petit lac, qui se trouve tout près de la maison. Il rentrait vers le midi, car Madame Duval servait le déjeuner à midi et demi.

Après le déjeuner, les Duval faisaient une promenade; ils allaient chercher des fleurs dans les champs et les bois.

Quand ils étaient fatigués ils allaient goûter dans une ferme où ils buvaient du lait frais, où ils mangeaient des œufs et du beurre frais. Quand il faisait très chaud ou il pleuvait, les enfants faisaient la sieste et monsieur et madame Duval écrivaient à leurs amis une longue lettre ou ils écoutaient à la radio un concert de musique. La musique classique repose le cerveau.

Après le dîner ils causaient. M. Duval faisait encore un peu de culture physique pour avoir un bon sommeil, et tout le monde se couchait de bonne heure.

◆ *Questionnaire*

1) Où est-ce que les Duval ont passé leurs vacances?
2) Où se trouve la maison de campagne?
3) Les Duval se sont-ils bien reposés?
4) Monsieur et Madame Duval se levaient-ils tard tous les matins?
5) A quelle heure les enfants se levaient-ils?
6) Que monsieur Duval faisait-il avant de faire sa toilette?
7) Que faisait-il après le petit déjeuner?
8) Lisait-il un livre?
9) Que faisait-il ensuite?
10) Où se trouve le petit lac?
11) A quelle heure Madame Duval servait-elle le déjeuner?
12) Que faisaient les Duval après le déjeuner?
13) Que faisaient-ils quand ils étaient fatigués?
14) Que faisaient-ils quand il faisait très chaud ou il pleuvait?

◆ *Devoirs*

1 *Mettez à l'imparfait.*

1. Quand nous (*être*) _____ petits, nous (*passer*) _____ les vacances à la campagne.
2. Il y (*avoir*) _____ un petit lac près de la maison de campagne.
3. Vous (*se coucher*) _____ de bonne heure.
4. Nous (*manger*) _____ des œufs.
5. Quand il (*faire*) _____ mauvais, nous (*rester*) _____ à la maison.
6. Quand le temps (*être*) _____ mauvais, nous ne (*se promener*) _____ pas.

2 *Remplacez le nom objet par un pronom personnel.*

1. Nous avons regardé passer *les voyageurs.*
2. Je n'ai pas vu courir *les jeunes filles.*
3. J'écoutais chanter *cette jeune fille.*
4. Entendez-vous chanter *Jean?*
5. Il a fait écrire *les devoirs* par les élèves.
6. J'ai vu *les Duval* entrer dans une ferme.

3 *Ecrivez les phrases suivantes:* **a**) *à la forme interrogative;*
b) *à la forme négative.*

1. Votre frère faisait bien son travail.
2. M. et Mme Duval sont gentils.
3. Il travaillait dans le jardin toute la journée.
4. Elle finissait le repas de bonne heure.
5. Tu étais un peu fatigué.
6. Elle servait les repas et allait au marché.

30ᵉ (*Trentième*) *LEÇON*

◆ *Les pronoms démonstratifs variables*

	Masculin	*Féminin*
Singulier:	celui	celle
Pluriel:	ceux	celles

Voici votre plume et aussi *celle* de Paul.

Elle n'aime pas ces robes: elle préfère *celles* que nous avons vues hier.

ceux-ci	celle-ci	celui-là	celle-là
ceux-ci	celles-ci	ceux-là	celles-là

Ces fleurs-ci sont passées; *celles-là* sont fraîches.

Voici deux voisins: *celui-ci* s'appelle Duval et *celui-là* s'appelle Martin.

Voici mes cravates: montrez-moi *celles* que vous avez reçues.

◆ *Les pronoms démonstratifs invariables*

ce ceci cela

Il m'a dit *ce* qui est arrivé. Ne faites pas *cela.*

J'ai trouvé *ce* que je cherchais. Qu'est-ce que c'est que *cela?*

Ceci est très intéressant.

◆ *La phrase exclamative*

Qu'il est grand !

Comme il est gentil !

Quel beau pays !

Quel grand plaisir il m'a fait ce jour-là !

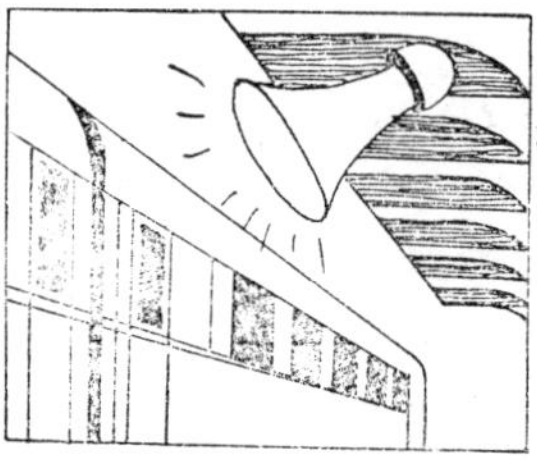

M. Duval, Mme Duval et leurs enfants sont dans le train qui roule vers la Provence. Ils sont seuls dans un compartiment, et ils y sont confortablement installés, malgré les valises qui les encombrent. Comme ils ont de longues heures à passer en chemin de fer, ils ont emporté des revues, des journaux et des livres. Dans un coin, le père lit un journal, la mère écrit une lettre. Catherine dessine tandis que Paul lit un roman, celui que M. Duval lui a donné pour le voyage. En un mot ils font ce qu'ils peuvent pour passer le temps agréablement.

Si vous voyagez:

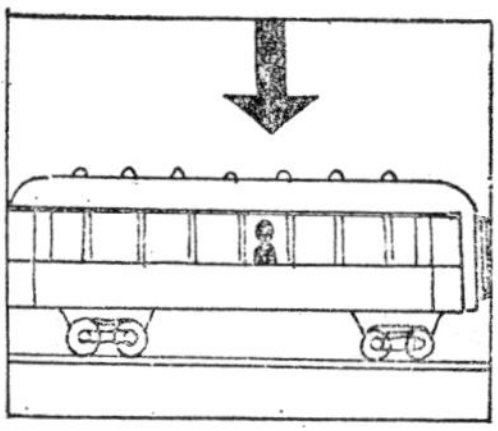

Choisissez une place au milieu du wagon.

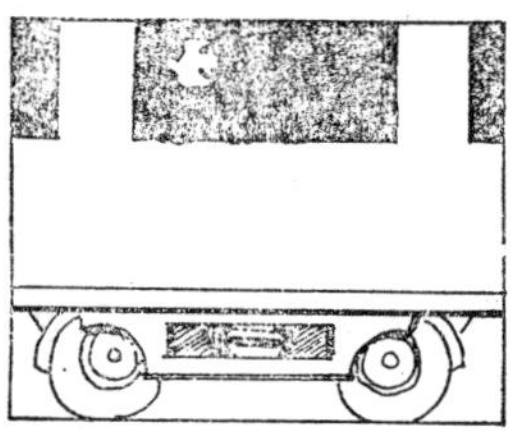

Ne voyagez pas sur les roues.

Ne traversez pas les voies.

Asseyez-vous dans un coin du compartiment

près de la fenêtre,

dans le sens de la marche du train.

— de longues heures à passer

— J'ai quelque chose à faire cet après-midi.

— Il n'y a rien à voir dans ce parc.

Depuis le matin, le train roule. Il traverse les villages et les villes. Le paysage change peu à peu et vers la fin de l'après-midi, le ciel brumeux et froid fait place au ciel bleu de la Provence. Et quel beau bays avec ses bois de pins et d'oliviers !

Regardez aussi ces jolies maisons. Voyez celle-ci qui est dans les fleurs et celle-là au milieu des arbres. Catherine et Philippe montrent leur joie. « Regarde, dit celui-ci à sa sœur, ce vieux pont sur cette rivière ».

« Qu'est-ce que c'est que cela ? » demande celle-là qui montre à son père quelque chose au loin.

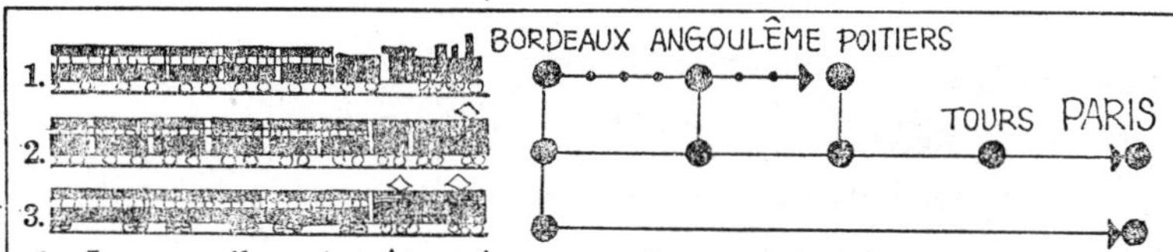

1. Les omnibus s'arrêtent à toutes les gares.
2. Les express ne s'arrêtent que dans les gares les plus importantes.
3. Les rapides ne s'arrêtent pas en route.

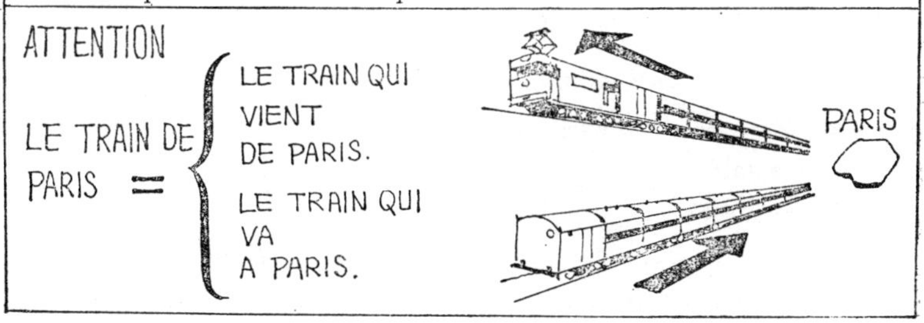

◆ Questionnaire

1) Où va la famille Duval?
2) Sont-ils bien installés dans leur compartiment?
3) Ont-ils beaucoup de valises?
4) Qu'est-ce qu'ils ont emporté?
5) Que fait le père?
6) Quel livre Paul lit-il?
7) Décrivez les changements du paysage.
8) Catherine et Philippe sont-ils contents?
9) Qu'est-ce que Philippe dit à sa sœur?
10) Que demande Catherine à son père?

◆ Devoirs

1 *Conjuguez.*

1. Je la vois souvent.
2. Si je vais en Provence, je verrai mes amis.
3. Je suis allé au marché.
4. Je m'appelle Pierre.
5. J'ouvrais la porte.
6. Je connaîtrai beaucoup de villes.

2 *Mettez un pronom démonstratif.*

1. Qu'est-ce que c'est que _____ ?
2. _____ ne fait rien.
3. Où est ma robe et _____ de ma sœur?
4. Je vous apporte vos lettres et _____ de votre frère.
5. Voici mes livres; montrez-moi _____ que vous avez apportés.
6. Dites-moi _____ que vous venez de faire.

◆◆◆ *Textes Complémentaires* ◆◆◆

A la gare

Nous voyons un groupe de voyageurs sur le quai de la gare de Reims. Le voyageur à gauche parle à l'employé des chemins de fer. Il veut prendre le train de Luxembourg. Le train n'est pas encore arrivé en gare. Il va arriver dans sept minutes parce qu'il est à l'heure. Le voyageur veut aller à Montmédy. L'employé a consulté l'horaire. Le voyageur doit descendre à Mézrères-Charleville pour prendre un train omnibus. Il y a dix minutes d'arrêt.

Le deuxième voyageur a loué une place de deuxième classe. Il présente le reçu à l'employé. Celui-ci lui donne un billet et le numéro de la place réservé. Le train de Paris a du retard. Mais ce n'est pas grave: le retard n'est que de sept minutes. L'employé a vérifié. Il a téléphoné à Charleville. Le voyageur va au buffet-restaurant.

La marchande du kiosque vend des journaux, des cigarettes, des fruits, du chocolat et d'autres articles. Le client achète deux journaux. Les nouvelles ne sont pas très bonnes parce que le ministère vient de tomber. La marchande accepte la situation avec calme. Elle ne fait pas attention aux nouvelles politiques. Le client regrette ces difficultés à cause de la réaction à l'étranger.

Le métro

Mademoiselle Monique Lefèvre habite à la « Porte d'Orléans », et elle travaille dans un bureau, rue La Fayette. Tous les matins, elle prend le métro à huit heures vingt, à la station « Porte d'Oréans ». Il y a du monde, mais elle ne fait pas la queue, parce qu'elle a toujours des tickets dans son sac.

A la station « Châtelet », elle change pour aller jusqu'à « Chaussée d'Antin ». Elle arrive toujours à l'heure à son bureau: elle commence son travail à neuf heures.

Le soir, elle sort du bureau avec son amie, et elles prennent le métro à "Chaussée d'Antin". Il y a toujours une très longue queue, et elles attendent souvent quatre ou cinq minutes avant de passer sur le quai. Tous les bureaux ferment à six heures et, à six heures cinq, tous les employés rentrent chez eux.

Monique n'aime pas prendre le métro à cette heure-là. On est toujours debout et, quand on veut descendre, on demande à trois ou quatre personnes: « Est-ce que vous descendez, Monsieur, Madame ou Mademoiselle ? » avant d'arriver près de la porte. Quand on sort de la station, on respire mieux ! Voyager en métro n'est pas très agréable, mais c'est rapide et bon marché. Avec un ticket de seconde classe, vous pouvez voayger dans Paris toute une journée !

---

avant de+*inf.* bien——mieux——le mieux

31e (*Trente et unième*) LEÇON

◆ Les pronoms possessifs

Singulier		*Pluriel*	
Masculin	***Féminin***	***Masculin***	***Féminin***
le mien	la mienne	les miens	les miennes
le tien	la tienne	les tiens	les tiennes
le sien	la sienne	les siens	les siennes
le nôtre	la nôtre	les nôtres	
le vôtre	la vôtre	les vôtres	
le leur	la leur	les leurs	
Avez-vous *mon crayon?*		Avez-vous *le mien?*	
Où sont *vos frères?*		Où sont *les vôtres?*	
Il parle à *son père.*		Elle parle *au sien.*	

C'est..................*qui*.....................

C'est..................*que*.....................

Paul est arrivé en retard.

C'est Paul *qui* est arrivé en retard.

J'ai rencontré Paul dans la cour.

C'est Paul *que* j'ai rencontré dans la cour.

C'est dans la cour *que* j'ai rencontré Paul.

Ce sont les belles automobiles *qu'*ils admirent à la salle d'exposition.

Verbe DEVOIR	Je dois	N. devons	Je devrai.
	Tu dois	V. devez	Je devais
	Il doit	Ils doivent	J'ai dû

L'exposition d'automobiles

Paul attend son ami Robert. Les deux garçons vont profiter de leur jour de congé pour visiter une exposition d'automobiles. Paul a mis pour la première fois son complet neuf. Ce complet lui plaît énormément parce qu'il ressemble à celui de son père.

Sa mère lui dit: — Tu dois mettre tes souliers noirs. Ceux-ci ne vont pas avec ton complet neuf. Et cette cravate? C'est celle de ton frère, n'est-ce pas?

— Oui, je la lui ai empruntée. Il a porté la mienne hier. Il préfère toujours mes cravates aux siennes.

— On sonne. C'est sans doute Louis qui arrive. Dépêche-toi d'ouvrir.

Les voilà dans la salle d'exposition. Ils admirent les belles automobiles. Tous les modèles nouveaux de toutes les grandes marques s'y trouvent.

Cette voiture me plaît, dit Robert. On dit que ce moteur-ci est plus puissant que celui de l'année dernière. Les sièges sont confortables, et les lignes sont gracieuses. Je vais dire à ma mère de venir la voir. Elle a grand-envie d'avoir une voiture neuve. La nôtre est très vieille. C'est dans cette salle d'exposition qu'elle l'a trouvée, mais elle n'aime plus la conduire.

◆ *Questionnaire*

1) Qu'est-ce que Paul attend?
2) Qu'est-ce que les deux garçons vont faire?
3) Qu'est-ce que Paul a mis pour la première fois?
4) Pourquoi son complet lui plaît-il?
5) A qui a-t-il emprunté une cravate?
6) Que voit-on à la salle d'exposition?
7) La voiture verte plaît-elle à Robert?
8) A-t-elle un moteur puissant?
9) Les sièges sont-ils confortables?
10) Qu'est-ce que Robert va dire à sa mère?

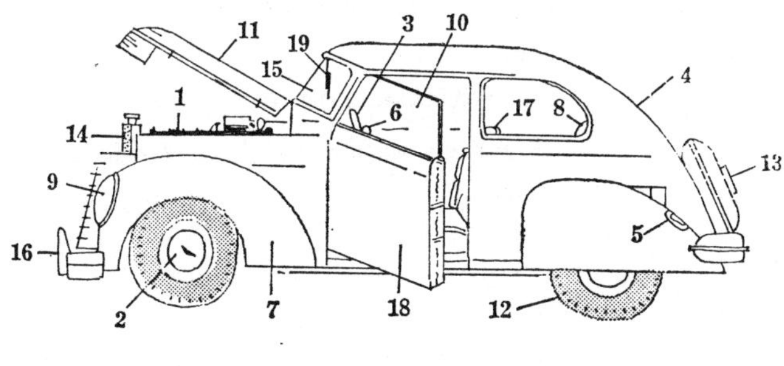

① le moteur ② la roue ③ le volant ④ la carrosserie ⑤ le réservoir ⑥ le klaxon ⑦ le garde-boue ⑧ le siège arrière ⑨ les phares ⑩ la vitre ⑪ le capot ⑫ le pneu ⑬ le pneu de rechange ⑭ le radiateur ⑮ le pare-brise ⑯ le pare-choc ⑰ le siège d'avant ⑱ la portière ⑲ l'essuie-glace

◆ *Devoirs*

1 ***Mettez un pronom possessif.***

1. Mon chapeau et (그의 것) _____ sont sur la table.
2. Notre maison est plus grande que (그들의 것들) _____ mais (당신의 것) _____ est plus jolie que (우리들의 것) _____.
3. Cette grammaire est-elle (당신의 것) _____? Non, elle n'est pas (나의 것) _____.
4. Voici mes livres et (당신의 것) _____.
5. Est-ce que cette place est (그의 것) _____? Non, cette place est (너의 것) _____.
6. Vous parlez à mes parents et je parle aux (당신의 부모들) _____.

2 ***Mettez l'accent sur le nom en italique en utilisant:*** **C'est...... qui..., ou C'est......que....**

Ex. Paul attend *son ami.* → C'est son ami que Paul attend.

1. Paul et Roger vont *au cinéma* ce soir.
2. Paul a invité *Roger* à y aller avec lui.
3. Les deux amis prennent *les meilleures places.*
4. Les enfants y vont *avec leurs parents.*
5. *Louise* est l'aînée des enfants.
6. Il s'amuse avec son petit chien *dans le jardin.*

3 ***Complétez au présent en employant le verbe devoir.***

1. Je _____ aller à l'école.
2. Vous _____ faire vos devoirs.
3. On _____ écouter le professeur.
4. Nous _____ l'inviter ; il est si aimable.
5. Les lignes _____ être gracieuses.

4 ***Complétez en employant la forme convenable du verbe devoir.***

1. Aujourd'hui nous _____ lire la dernière leçon.
2. Demain nous _____ écrire les devoirs.
3. Hier nous _____ faire une visite à ma cousine.
4. En ce moment je vous _____ vingt francs, n'est-ce pas?
5. Elle a _____ aller en ville samedi.

32e (Trente-deuxième) LEÇON

◆ La forme passive

Forme active: Une jetée protège *le port.*
(sujet) (objet direct)

Forme passive: Le port est protégé *par une jetée.*
(sujet) (complément d'agent)

N.B. *On* réparait la maison.
La maison était réparée.

◆ La conjugaison passive: ÊTRE PROTÉGÉ

Présent			*Passé composé*		
Je	suis	protégé	J'	ai été	protégé
Tu	es	protégé	Tu	as été	protégé
Il	est	protégé	Il	a été	protégé
Elle	est	protégé*e*	Elle	a été	protégé*e*
Nous	sommes	protégé*s*	Nous	avons été	protégé*s*
Vous	êtes	protégé*s*	Vous	avez été	protégé*s*
Ils	sont	protégé*s*	Ils	ont été	protégé*s*
Elles	sont	protégé*es*	Elles	ont été	protégé*es*

Futur	*Imparfait*
Je serai interrogé	J'étais interrogé
Tu seras interrogé	Tu étais interrogé
......	......
Elles seront interrogées	Elles étaient interrogées

N.B. La maison est entourée *d'*un mur.
Il est respecté *de* tout le monde.
Elle est aimée *de* ses parents.

La France

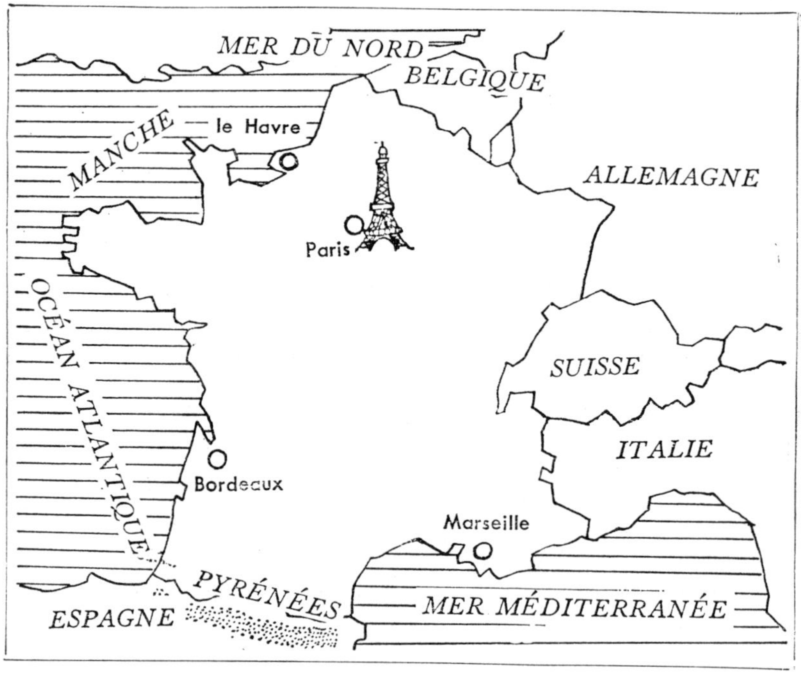

La France est située au centre de l'Europe. A l'est elle touche à la Belgique, à l'Allemagne, à la Suisse et à l'Italie. Au sud elle est séparée de l'Espagne par les Pyrénées.

Elle est baignée par la mer sur trois côtés: au nord par la Manche et la mer du nord, à l'ouest par l'océan Atlantique, au sud par la mer Méditerranée. Grâce à sa situation maritime, la France a un climat tempéré, une partie de sa population vit de la pêche, elle possède une marine de commerce très importante.

Voici un port de commerce. Il est protégé des vents et des tempêtes par une jetée. Un paquebot est en train de sortir du port. Il passe devant le phare. Un autre arrive. Dans quelques minutes il sera à quai. Le long des docks, des camions et des wagons viennent charger les marchandises que l'on décharge de ce cargo.

◆ *Questionnaire*

1) Où est située la France?
2) A quels pays touche-t-elle à l'est?
3) Et au sud?
4) Par quelle mer est-elle baignée au sud?
5) Est-elle baignée d'une mer à l'est?
6) Quel climat a-t-elle?
7) Qu'est-ce qui protège le port des vents et des tempêtes?
8) Qu'est-ce qui est en train de sortir du port?
9) Qu'est-ce qui sera à quai dans quelques minutes?
10) Est-ce qu'on charge et décharge les marchandises d'un paquebot?

◆ *Devoirs*

1 ***Mettez à la forme passive les phrases à la forme active.***

1. M. Duval répare la maison.
2. Jean-Claude a pris une photo.
3. Des montagnes entourent Séoul.
4. Une jetée protégeait le port des tempêtes.
5. Les sétudiants aimaient le professeur.

2 ***Mettez au pluriel.***

1. Le panier était rempli.
2. Je serai oublié.
3. Je décharge les marchandises du camion.
4. Je suis enchanté.
5. Elle vient d'arriver à Paris.

3 ***Mettez à la forme active les phrases à la forme passive.***

1. Michel est invité par tout le monde.
2. Jean était invité par tout le monde.
3. Pierre sera invité par tout le monde.
4. André n'est pas invité.
5. René n'a pas été invité.

◆ *Expressions utiles*

1 *En classe:*

1. Ecoutez, s'il vous plaît.
2. Répétez.
3. Lisez à haute voix.
4. En français.
5. Encore une fois.
6. Ecrivez.
7. Répondez, s'il vous plaît.
8. Apprenez par cœur.

2 *Salutations:*

1. Bonjour, Monsieur.
2. Bonsoir, Madame.
3. Bonne nuit, Messieurs.
4. Au revoir, Mademoiselle.
5. Comment allez-vous?
6. Très bien, merci. Et vous?

33e (*Trente-troisième*) *LEÇON*

◆ *Les pronoms interrogatifs*

Pour désigner des personnes: QUI

Sujet:	*Qui* sonne à la porte? (ou) *Qui est-ce qui* sonne?
Objet direct:	*Qui* cherchez-vous? (ou) *Qui est-ce que* vous cherchez. (*Pas d'inversion*)
Objet indirect:	*A qui* parle-t-il?
Attribut:	*Qui* êtes-vous?

Pour désigner des choses: QUE, QUOI

Sujet:	*Qu'est-ce qui* se passe?
Objet direct:	*Que* désirez-vous? (ou) *Qu'est-ce que* vous désirez? (*Pas d'inversion*)
Objet indirect:	*A quoi* penses-tu? *De quoi* parle-t-on?
Attribut:	*Qu'*êtes-vous devenu? (ou) *Qu'est-ce que* vous êtes devenu? (*Pas d'inversion*)

◆ *Les pronoms personnels accentués*

Singulier		*Pluriel*	
(*Je*)	moi	(*Nous*)	nous
(*Tu*)	toi	(*Vous*)	vous
(*Il*)	lui	(*Ils*)	eux
(*Elle*)	elle	(*Elles*)	elles
(*On, chacun*)	soi		

◆ *L'emploi des pronoms personnels accentués*

1) Qui a ouvert la fenêtre? *Moi.*
2) *Moi,* je préfère partir tout de suite.
3) *Elle* et *moi,* nous nous entendons bien.
Est-ce vous? Oui, c'est *moi.*
4) Elle est venue chez *moi.*
5) Nous partirons sans *lui.*
6) Hélène chante mieux que *moi.*
7) Son frère est plus grand que *lui.*

— Bonjour, Louise. J'ai quelque chose à vous montrer.

— Qu'est-ce que c'est?

— Ce sont des cartes postales de Paris.

— De Paris? Est-ce vorte oncle qui vous les a envoyées?

— Oui, c'est lui. Lui et ma tante voyagent en France en ce moment. Regardez cette vue de l'Ile de la Cité. Voilà Marie. Voulez-vous voir mes cartes, Marie?

— Avec plaisir, Margot. Quelles jolies cartes!

— Quelle est cette grande église?

— C'est la cathédrale de Notre-Dame. Une des plus belles cathédrales gothiques construites au moyen âge.

— Qu'est-ce que c'est que l'Ile de la Cité?

Veroe CONSTRUIRE:

Je construis	N. construisons	Je construirai
Tu construis	V. construisez	Je construisais
Il construit	Ils construisent	J'ai construit

— C'est une île de la Seine. C'est tout ce que j'en sais. Voici Monsieur Martin qui entre. Demandons-lui nous donner des renseignements. Bonjour, Monsieur.

— Bonjour, Mesdemoiselles. Qu'est-ce qu'il y a ? Que voulez-vous savoir ?

— Qu'est-ce que c'est que l'Ile de la Cité ?

— L'Ile de la Cité est le berceau de Paris, c'est-à-dire la partie la plus ancienne de la ville.

— Quelles jolies fleurs ! C'est le Marché aux fleurs. Oh, que c'est amusant !

— Regardez les costumes de ces paysannes qui vendent des fleurs. Je les trouve pittoresques, mais ils sont un peu ridicules.

coiffe normande

coiffe bretonne

une Sablaise en coutume

◆ *Questionnaire*

1) Qu'est-ce que Margot montre à Louise ?
2) Qui est-ce qui a envoyé des cartes postales à Margot ?
3) Qui voyage en France en ce moment ?
4) Margot veut-elle voir les cartes ?
5) Quelle est la grande église qu'on voit dans les cartes ?
6) La cathédrale de Notre-Dame est-elle ancienne ?
7) Quand est-ce qu'on l'a construite ?
8) Qu'est-ce que c'est que l'Ile de la Cité ?
9) Qui est-ce qui entre ?
10) Comment sont les costumes des paysannes qui vendent des fleurs ?

◆ *Devoirs*

1 ***Remplacez les mots en italique par des pronoms accentués.***

1. Va-t-il à l'école sans *son père?*
2. Nous déjeunerons chez *nos amis.*
3. C'est Charles qui viendra ce soir avec *son frère.*
4. Qui ouvre la porte? C'est *Pierre.*
5. Qui emportera le verre? C'est *Jeanne.*
6. *Robert et* moi, nous allons avec *ses sœurs.*

2 ***Si le sens de la phrase est vrai, dites « vrai », s'il est faux, dites « faux ».***

1. On sert le déjeuner dans la salle de bain.
2. On dort dans la chambre à coucher.
3. On a faim avant de manger.
4. Si vous avez faim, vous mangez de bon appétit.
5. On sert le déjeuner le soir.
6. On sert le petit déjeuner le matin.
7. On boit des gâteaux.
8. On boit du lait.
9. On se couche le soir.
10. On se lève le matin.

3 *Mettez* **qui, que, qu'est-ce que.**

1. ________ demande-t-il à sa mère?
2. ________ portez-vous quand il pleut?
3. ________ Mme Duval dit à son amie?
4. ________ elle prépare maintenant?
5. ________ lit philippe?
6. ________ va jusqu'à la ferme?

34e (Trente-quatrième) LEÇON

◆ Les pronoms relatifs (Formes composées)

	Singulier	*Pluriel*
Masculin	lequel	lesquels
Féminin	laquelle	lesquelles

◆ Les pronoms relatifs avec les prépositions A et DE

auquel	duquel
à laquelle	de laquelle
auxquels	desquels
auxquelles	desquelles

Les pronoms relatifs composés s'emploient:

1) *Pour préciser l'antécédent:*

Voilà la fille de M. Dupont *à laquelle* je pensais.

2) *Le plus souvent pour désigner les choses et avec les préposition:*

Voilà la maison *devant laquelle* je suis tombé hier.

Cherchons la rue *par laquelle* nous sommes entrés.

Mais:—Voilà la jeune fille avec qui je parlais.

◆ Le pronom relatif: DONT

1) J'ai un stylo. La plume *de ce stylo* est en or.

J'ai un stylo *dont* la plume est en or.

2) Quel est ce château? On voit les tours *de ce château.*

Quel est ce château *dont* on voit les tours.

3) Prenez l'argent. Vous aurez besoin *de cet argent.*

Prenez l'argent *dont* vous aurez besoin.

◆ *Les pronoms interrogatifs composés:* LEQUEL

Pour des personnes et des choses déjà nommées:

Un médecin va venir.——*Lequel* va venir? (*sujet*)

J'appelle un médecin.——*Lequel* appelles-tu? (*Objet dir.*)

Je m'intéresse à certains sports.——*Auxquels* t'intéresses-tu?

Lequels des deux tableaux préférez-vous?

Il y a deux ans monsieur Durand a trouvé la petite maison à la campagne qu'il cherchait depuis longtemps. Elle n'était pas en bon état: mais monsieur Durand l'a achetée quand même. Elle lui plaît beaucoup, car elle est très bien située au bord d'un lac, près d'un village, non loin de la grand-route.

Je suis allé voir la famille Durand la semaine passée. Regardez cette photographie que j'ai prise. Voilà toute la famille assise sur la véranda. La véranda a été construite l'année dernière pour remplacer le vieux porche démoli. C'est M. Durand qui a fait le banc sur lequel il est assis avec sa femme. Vous voyez les parterres où toutes sortes de fleurs ont été plantées.

De l'autre côté, il y a une belle pelouse dont on voit un petit coin il y a aussi plusieures grands arbres et quelques arbustes. Toutes les mauvaises herbes ont été enlevées. Toute la propriété est entourée d'un vieux mur en pierre. Le jardin potager est cultivée par un fermier. Il a soixante-deux ans et il habite toujours la maison où il est né.

◆ *Questionnaire*

1) Que cherchait M. Durand depuis des années?
2) La maison qu'il a trouvée était-elle en bon état?
3) Est-elle bien située?
4) Pourquoi cette maison n'était-elle en bon état?
5) Qui a fait le banc?
6) De quoi la propriété est-elle entourée?
7) Où se trouve le jardin potager?
8) Par qui le jardin potager est-il cultivé?
9) Quel âge le fermier a-t-il?
10) Où habite-t-il?

◆ *Devoirs*

1 *Mettez un pronom relatif.*

1. Comment s'appelle le lac _____ nous avons vu?
2. Avez-vous vu la photographie _____ j'ai prise?
3. Voilà la véranda _____ je vous ai parlé.
4. Voyez-vous le mur _____ les garçons sont assis?
5. Voici le lac _____ nous nous sommes baignés.
6. Où est le monsieur avec _____ j'ai parlé?
7. Voici la maison devant _____ je les attendais.
8. Les choses à _____ je pense vous intérresseront.
9. Prenez l'argent _____ vous aurez besoin pour acheter les billets.
10. Voilà la jeune fille _____ je pensais.

2 *Mettez à la forme active.*

1. La véranda a été construite l'année dernière.
2. Le vieux porche sera démoli par M. Durand.
3. Le fermier sera aidé par son fils.
4. La propriété est entourée d'un mur en pierre.
5. Il est respecté de tout le monde.

3 *Mettez un pronom interrogatif.*

1. ________ de ces maisons appartient à votre père?
2. ________ vous a donné cette nouvelle?
3. Il y a une réunion cet après-midi. De ________ va-t-on parler?
4. Prêtez-moi un de ces livres. ________ désirez-vous?

◆ *Expressions utiles*

En classe:

1. C'est correct.
2. C'est incorrect.
3. Que veut dire...?
4. Qu'est-ce que cela veut dire...?
5. Parlez lentement.
6. Ecoutez l'enregistrement.
7. Ecoutez le disque.
8. Ecoutez la bande sonore.

《 ***Proverbes*** 》

Vouloir c'est pouvoir.
Aide-toi, le ciel t'aidera.
Les affaires sont les affaires.
Tout est bien qui finit bien.
L'habit ne fait pas le moine.

Verbe APPARTENIR:

J' appartiens	Nous appartenons
Tu appartiens	Vous appartenez
Il apartient	Ils appartiennent

J'ai appartenu
J'appartenais.
J'appartiendrai

35e (*Trente-cinquième*) *LEÇON*

◆ *Le comparatif des adverbes*

(+) ***plus...que*** Il court *plus* vite *que* moi.
(−) ***moins...que*** Il court *moins* vite *que* moi.
(=) ***aussi...que*** Il court *aussi* vite *que* moi.

Attention!

bien ——mieux ——le mieux
mal ——plus mal ——le plus mal
mal ——pis ——le pis
beaucoup——plus ——le plus
peu ——moins ——le moins

Il travaille *bien.*
Il travaille *mieux que* moi.
C'est lui qui travaille *le mieux.*

***N.B. Le comparatif des adjectifs** (formes irrégulières):*

mauvais——plus mauvais——le plus mauvais
mauvais——pire ——le pire
petit ——plus petit ——le plus petit
petit ——moindre ——le moindre

◆ *FAIRE causatif*

Il fait venir ses deux enfants.
—— Il les *fait venir.* Il les *a fait venir.*
Il fait bâtir une belle maison.
—— Il la *fait bâtir.* Il l'*a fait bâtir.*

Verbe COURIR: Je cours, Tu cours, Il court, Nous courons, Vous courez, Ils courent

J'habite la petite ville de Plaisance dans la banlieue de Paris. Là, dans un endroit, de moins de trois mille habitants, ma famille possède une grande maison blanche. C'est mon grand-père qui a fait bâtir cette maison. Elle est peut-être la plus belle de l'endroit. Elle a deux étages et un jardin avec beaucoup d'arbres. Il y en a une trentaine dont le plus vieux est un chêne qui a plus de cent ans.

Ma famille est très grande, plus grande que vous ne pensez. A la dernière réunion de la famille, il y avait plus de trente membres.

Mon frère, Roger va au lycée de garçons et Simone, ma sœur, au lycée de jeunes filles. Le lycée de Roger est une des meilleures écoles de France. Il y a plus de huit cents élèves. Roger n'y est pas le meilleur mais il n'est pas non plus le pire. Ma famille va très souvent à Paris. mon père y va plus souvent que les autres puisqu'il y travaille. Le plus souvent, nous y allons avec nos parents. Si vous nous demandez quelle est la plus belle ville du monde, nous répondrons certainement que c'est Paris et nous aurons raison. Nous disons cela parce que nous l'aimons le plus.

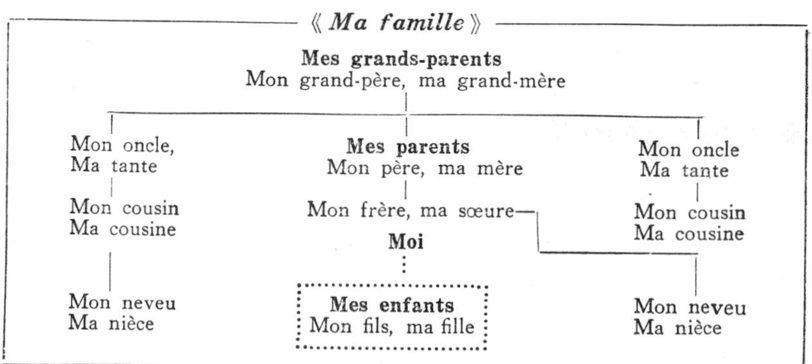

ne expletif: Ma famille est plus grande que vous *ne* pensez

Monsieur Nathan est maçon;
il ***construit*** une maison.

— Monsieur Dupont est architecte;
il ***fait construire*** une maison.

Monsieur Durand n'a pas encore de maison,
il ***se fait construire*** une maison.

◆ *Questionnaire*

1) Où se trouve la petite ville de Plaisance?
2) Combien d'habitants a-t-elle?
3) De quelle couleur est la maison?
4) Qui a fait bâtir la maison?
5) Combien d'arbres y a-t-il dans le jardin?
6) Roger va-t-il au lycée de jeunes filles?
7) Combien y a-t-il d'élèves au lycée de Roger?
8) La famille va-t-elle souvent à Paris?
9) Où travaille le père?
10) Les parents vont-ils à Paris avec les enfants?

◆ *Devoirs*

1 ***Traduisez en français les mots anglais entre parenthèses.***

1. Il parle anglais __________ son ami. (*better than*)
2. La famille possède _____ maison de l'endroit. (*the most beautiful*)
3. Paul est mon __________ ami. (*best*)
4. Cet endroit a __________ trois mille habitants. (*less than*)
5. J'aime Paris __________ Londres. (*better than*)
6. Le grand-père a __________ quatre-vingts ans. (*more than*)
7. Roger est __________ ses sœurs. (*taller than*)
8. Il va à Paris __________ les autres. (*more often than*)

2 ***Mettez à l'imparfait, au passé composé et au futur.***

1. Simone va au lycée de jeunes filles.
2. Il construit une belle maison.
3. Nous apprenons le français.
4. Vous connaissez beaucoup de grandes villes.
5. Cela me plaît énormément.
6. Je dis une chose intéressante.

◆ *Expressions utiles*

1 *En classe:*

1. Parlez lentement.
2. Parlez plus fort.
3. Parlez plus vite.
4. Merci, Monsieur.
5. Il n'y a pas de quoi.
6. Je vous en prie.

2 *Formules de politesse:*

1. Vous connaissez M. Duparc?
2. Enchanté(*e*) (de faire votre connaissance).
3. Excusez-moi.
4. Pardon!

◆◆◆ *Textes complémentaires* ◆◆◆

Les femmes au volant

Les hommes disent:

« Les femmes ne savent pas conduire. Elles démarrent sans regarder derrière elles. Elles roulent trop lentement en ville parce qu'elles regardent les magasins. Elles s'arrêtent brusquement si elles voient une jolie robe. Et, derrière elles, si on n'a pas le temps de freiner, c'est l'accident. Elles s'arrêtent au milieu de la rue pour bavarder avec une amie.

Elles sortent la main gauche quand elles veulent tourner à droite.

Elles font des sourires aux agents de police quand elles ont oublié de s'arrêter au feu rouge... et ils sont gentils !

Elles veulent toujours passer les premières sur la route, et puis elles font du cinquante à l'heure devant votre nez. Mais elles ont moins d'accidents que les hommes. »

Mesdemoiselles, répondez !

---

cinquante a l'heure=cinquante kilomètres à l'heure.

L'éducation en France

Vous avez dû vous poser des questions sur la vie scolaire des enfants et des jeunes gens en France. Aujourd'hui nous allons donc examiner à vol d'oiseau le système scolaire et universitaire en France.

Les petits Français vont d'abord au jardin d'enfants. Là ils prennent part à des jeux éducatifs. Ensuite, à six ans, ils commencent les cours élémentaires en classe de « onzième ». A la fin de la « septième » ils passent un examen, et s'ils sont reçus ils peuvent entrer au lycée en « sixième ». Ils restent dans cette institution jusqu'à la « classe de première ». Ils doivent alors se présenter à l'examen du baccalauréat, première partie. S'ils réussissent, ils suivent les cours de lycée pendant encore un an. Pour ceux qui se destinent à la carrière des lettres, du droit, des arts ou même de la médecine, il est préférable d'entrer dans la classe de philosophie. Sinon, pour ceux qui se préparent à une carrière scientifique il y a la

Voici l'emploi du temps d'un lycéen.

	LUNDI	MARDI	MERCREDI	JEUDI	VENDREDI	SAMEDI
8-9	LATIN	PHYSIQUE	ALLEMAND		ALLEMAND	LATIN
9-10	FRANÇAIS	STADE	FRANÇAIS	A-GÉOGRAPHIE B-INSTRUCTION CIVIQUE	HISTOIRE	FRANÇAIS
10-11	GÉOGRAPHIE	STADE	HISTOIRE	GÉOMÉTRIE	ALGÈBRE	CHIMIE
11-12	MATHÉMATIQUES	STADE		GÉOMÉTRIE		
[illegible]	PHYSIQUE		ALGÈBRE		ANGLAIS	
[illegible]	PHYSIQUE	FRANÇAIS	ANGLAIS		TRAVAUX PRATIQUES PHYSIQUE CHIMIE	
[illegible]	ALLEMAND	ANGLAIS	LATIN			

Organisation de l'enseignement en France.

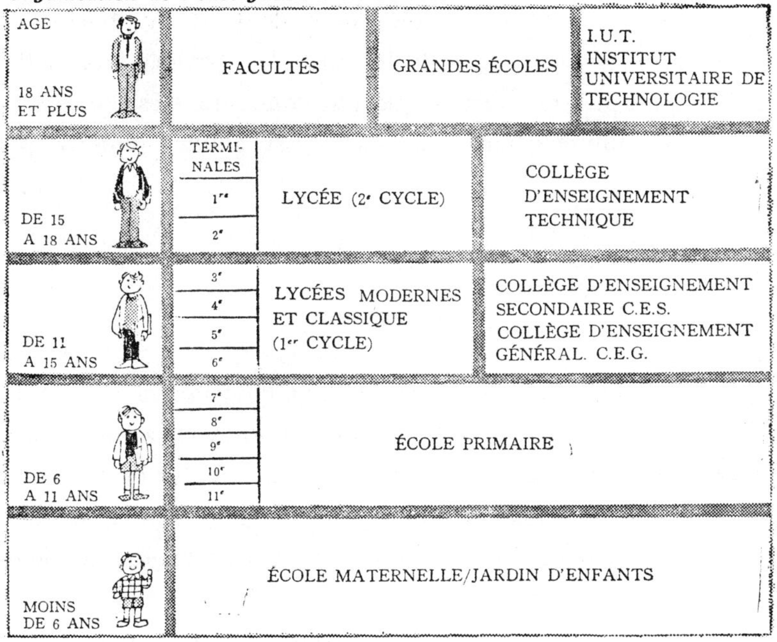

classe de mathématiques élémentaires. Certains même suivent les deux programmes à la fois.

Avant d'être admis à l'université, ils doivent compléter leur baccalauréat en se présentant à l'examen de seconde partie, soit en philosophie, soit en mathématiques. Il ne faut pas oublier que ces examens sont de concours administrés par le Ministère de l'Education Nationale et qu'ils sont uniformes pour toute la France D'ailleurs, toutes les universités sont des universités d'Etat et les écoles privées existent surtout au niveau élémentaire et secondaire. Il y a aussi des institutions privées, telles que l'Institut Catholique à Paris par exemple, pour les études avancées.

Les universités sont situées dans les grandes villes. Elles

sont composées des bâtiments des différentes facultés: faculté des lettres, des sciences, de médecine, de droit, de pharmacie. Il y a aussi ce qu'on appelle les grandes écoles, auxquelles les étudiants ne sont admis que par concours. Ces écoles sont du niveau universitaire, et sont aussi subventionnées par l'Etat.

La Sorbonne

Depuis le règne du grand empereur Charlemagne, les écoles en France étaient nombreuses. Dans chaque ville importante on trouvait une grande école sous la surveillance de l'évêque. Les maîtres étaient des membres du clergé, et des milliers d'étudiants venaient de tous les pays d'Europe écouter leurs leçons.

Au début du XIIIe siècle, professeurs et étudiants se sont groupés en une association qu'on a appelée l'Université et se sont installés, à Paris, sur une colline située sur la rive gauche de la Seine. Cet endroit s'est appelé et s'appelle encore aujourd'hui le Quartier Latin, car on y parlait la langue latine. Cette langue était la seule employée pour les études.

En 1250, un religieux, nommé Robert de Sorbon, y a fondé une maison pour abriter les étudiants pauvres: bientôt les professeurs sont venus y faire leurs cours. Cette maison est à l'origine de la Sorbonne actuelle.

36e *(Trente-sixième) LEÇON*

◆ *Le futur antérieur*

Demain, je déjeunerai à 8 heurs.

Demain, je travaillerai à 9 heures.

Demain, quand *j'aurai déjeuné* (à 8 heurs), je travaillerai (à 9 heures).

Le futur antérieur=une action future, avant une autre action future.

◆ *Conjugaison : Futur de AVOIR+PARTICIPE PASSÉ*

J' aurai déjeuné	Nous aurons déjeuné
Tu auras déjeuné	Vous aurez déjeuné
Il aura déjeuné	Ils auront déjeuné

◆ *Les verbes qui ont le passé composé avec ÊTRE*

Je	serai	rentré	Je	me serai	promené
Tu	seras	rentré	Tu	te seras	promené
Il	sera	rentré	Il	se sera	promené
Elle	sera	rentré*e*	Elle	se sera	promené*e*
Nous	serons	rentré*s*	Nous	nous serons	promené*s*
Vous	serez	rentré*s*	Vous	vous serez	promené*s*
Ils	seront	rentré*s*	Ils	se seront	promené*s*
Elles	seront	rentré*es*	Elles	se seront	promené*es*

◆ *Les pronoms et adjectifs indéfinis : AUCUN, NUL*

Aucun ami *n'*est arrivé. —— *Aucun n'*est arrivé.

*Aucun n'*est prophète chez soi.

Je *n'*ai vu *aucune* lettre. —— Je *n'*en ai vu *aucune.*

Je *n'*en ai vu *aucune.* —— *Nul* garçon *n'*est là.

La plage

M. Morel sort de l'eau. Des gouttes brillent sur sa poitrine et sur ses jambes. Il se couche sur le sable près de sa femme qui fait sécher son dos au soleil. « Mes enfants, dit-il, dès que vous aurez pris votre bain, nous irons déjeuner: j'ai faim. » Mais sa fille fait des pâtés avec son seau et sa pelle. « Je dois en faire encore dix, répond-elle: quand j'aurai fini, j'irai me baigner. » Son fils joue au ballon avec des camarades. Pour le moment il n'a aucune envie de se baigner. Alors le père se lève, il prend les enfants par la main et les conduit jusqu'à la mer.

« Ne va pas trop loin, dit son père. Attention aux vagues. Lorsque tu auras fait cinquante mètres, reviens. »

Et il attend. Il regarde la plage. A droite, on voit un phare; à gauche, des villas blanches sur des collines vertes; très loin, la ligne bleue des Pyrénées.

Quand ils seront revenus à l'hôtel, ils dîneront.

Verbe ***CONDUIRE***

Je conduis	N. conduisons	Je conduisais
Tu conduis	V. conduisez	Je conduirai
Il conduit	Ils conduisent	J'ai conduit

◆ *Questionnaire*

1) D'où sort M. Morel?
2) Que voit-on sur sa poitrine?
3) Que fait sa femme?
4) Pourquoi M. Morel veut-il rentrer à l'hôtel?
5) Avec quoi sa fille fait-elle des pâtés?
6) Quand ira-t-elle se baigner?
7) Que fait son fils?
8) Que dit M. Morel à son fils?
9) Que regarde M. Morel?
10) Que feront les Morel, quand ils seront revenus à l'hôtel?

◆ *Devoirs*

1 ***Mettez au temps convenable.***

1. Marc sortira quand il ______ son devoir. (*finir*)
2. Nous les verrons quand nous ________ à la gare. (*arriver*)
3. Lève-toi, dès que tu ____________. (*se réveiller*)
4. Il fermera la porte dès qu'il _______ dans la chambre. (*entrer*)
5. J'irai me promener après que je __________. (*travailler*)
6. Sais-tu ta leçon?— Pas encore: quand je _______ ma leçon, je la saurai. (*lire*)
7. Je comprendrai cette phrase, quand vous la _________. (*expliquer*)
8. Dès qu'il ________ à son bureau, il téléphonera. (*arriver*)

2 *Mettez les phrases suivantes à la forme passive.*

1. Un orage nous a arrêtés.
2. Des amis les conduiront à la gare.
3. Aussitôt que les ouvriers auront terminé la maison, nous l'habiterons.
4. Qui vous accompagne?

3 *Refaites les phrases suivantes avec « quand » suivi du futur antérieur.*

1. Nous prenons notre bain; nous sortons de l'eau.
2. Le garçon joue au ballon; il va se baigner.
3. La fille fait dix pâté; elle part avec son père.
4. Vous faites une promenade; vous rentrez à la maison.
5. Elle lit le journal; elle le donne à son frère.
6. L'horloge sonne; nous nous levons.

◆ *Expressions utiles*

1 *En classe:*

1. Ouvrez vos livres à la troisième leçon.
2. Fermez vos livres.
3. Allez au tableau.
4. Indiquez sur l'image...
5. Ecoutez le magnétophone.

2 *Apprenez par cœur.*

1. Comment vous appelez-vous?
2. Quel est votre nom?
3. Où demeurez-vous?

37e (Trente-septième) LEÇON

◆ *Le plus-que-parfait*

Hier, j'ai déjeuné à 8 heures. ——Hier, j'ai travaillé à 9 heures.
J'ai travaillé à 9 heures; ——J'*avais déjeuné* à 8 heures.
Le plus-que-parfait
=un action passée, avant une autre action passée.

◆ *Conjugaison:*
imparfait de AVOIR ou ÊTRE+PARTICIPE PASSÉ

J'	avais	déjeuné	J'	étais	venu
Tu	avais	déjeuné	Tu	étais	venu
Il	avait	déjeuné	Il	était	venu
Elle	avait	déjeuné	Elle	était	venu*e*
Nous	avions	déjeuné	Nous	étions	venu*s*
Vous	aviez	déjeuné	Vous	étiez	venu*s*
Ils	avaient	déjeuné	Ils	étaient	venu*s*
Elles	avaient	déjeuné	Elles	étaient	venu*es*

◆ *La formation des adverbes*

1)	heureux	heureuse	heureusement
	doux	douce	doucement
2)	évident		évidemment
	élégant		élégamment
3)	énorme		énormément
	précis		précisément

La moisson et les vendanges

Monsieur Leblanc a une grande ferme avec des champs et des vignes. La récolte a été belle cette année: mais lorsque les Dulac sont arrivés en Champagne, déjà les moissonneurs avaient fini leur travail. Ils avaient fauché le blé et ils avaient mis dans les granges les gerbes dorées.

Mais nos amis ont assisté aux vendanges et c'était bien amusant.

L'après-midi quand on avait déjeuné, on allait avec les vendangeurs dans les vignes. On cueillait gaiement les grappes blanches et noires. On suivait le chariot plein de raisin jusqu'au pressoir. On visitait les caves pleins de gros tonneaux et où les bouteilles de champagne vieillissaient lentement.

La moisson

Les vendanges

La cave

Verbe SUIVRE

Je suis	N. suivons	Je suivai
Tu suis	V. suivez	Je suivais
Il suit	Ils suivent	J'ai suivi

◆ *Questionnaire*

1) Qu'y a-t-il dans la ferme de M. Leblanc?
2) Pourquoi les Dulac n'ont-ils pas assisté à la moisson?
3) Quel est le travail des moissonneurs?
4) Où les moissonneurs mettent-ils le blé?
5) A quel travail nos amis ont-ils assisté?
6) Que faisait-on l'après-midi?
7) Que voyait-on dans les vignes?
8) Dans quoi porte-t-on le raisin au pressoir?
9) Qu'est-ce que les Dulac buvaient?
10) Qu'y avait-il dans le caves?

◆ *Expressions utiles*

1. Allons!
2. Vous entendez?
3. Je le vois bien.
4. Si vous voulez.
5. Qu'est-ce qu'il y a?
6. Mais non.
7. Mais non, voyons!
8. Qu'est-ce que tu veux?
9. A la bonne heure.
10. Je vous demande pardon.
11. Tous les jours.
12. D'habitude il est ponctuel.
13. Vous avez de bonnes nouvelles?
14. Quelles sont les nouvelles?
15. Il est allé à l'étranger.
16. Il me rend souvent service.
17. M. Guillaume a beaucoup d'ennuis.
18. C'est vrai. Il est de mauvaise humeur.
19. Quand même, vous n'êtes pas content.
20. Il n'y a qu'à être patient.

◆ *Devoirs*

1 *Mettez les verbes au temps indiqué.*

1. Il ________ (être: *imp.*) huit heures passées et Paul ________ (dormir: *imp.*) toujours. La veille il ________ (accompagner: *plus-que-parfait*) son ami Pierre qui ________ (devoir: *imp.*) prendre le train de dix heures.
2. Il ________ (aller: imp.) passer les vacances de Noël en Floride avec ses parents, et Paul ________ (promettre: *plus-que-parfait*) de mener à la gare.
3. Ils ________ (arriver: *plus-que-parfait*) à la gare en avance mais le train n' ________ (être: *imp.*) pas à l'heure. Il ________ (avoir: *imp.*) un retard d'une demi-heure.

2 *Mettez le participe passé.*

1. J'ai ________ (*acheter*) une douzaine d'oranges.
2. Où les avez-vous ________ (*mettre*) ?
2. Où sont les robes que vous aviez ________ (*acheter*) ?
4. Voici la lettre qu'il nous avait ________ (*apporter*) .
5. Mes cousines s'étaient ________ (*promener*) hier au parc.
6. Quand sont-elles ________ (*partir*) ?
7. Ils s'étaient ________ (*dire*) bonjour.
8. Il ne les avait pas ________ (*trouver*)

38e (*Trente-huitième*) LEÇON

◆ *Le pronom neutre:* LE

1) Etes-vous content? Je *le* suis.
2) Il pleuvra, je *le* sais.=Je sais qu'il pleuvra.
3) Ne croyez-vous pas qu'il part demain? Je *le* crois.

◆ *L'inversion du sujet*

1) ***Après des expressions placées en tête de la proposition:***

Peut-être *est-il* rentré tard hier soir.

Sans doute M. Dupont *est-il* content de son voyage.

2) ***Avec certains compléments circonstanciels: les conjonctions QUAND, LORSQUE et le pronom relatif QUE:***

Quand vient l'hiver, la cigale n'a rien à manger.

Le pays que visite son oncle est beau.

Là *vivait un sage.*

◆ *TROP...POUR, SI...QUE*

Trop + *adjectif* + **pour** + *infinitif*

Si + *adjectif* + **que**

M. Martin est *trop occupé pour aller* au cinéma.

(=M. Martin est occupé, il ne peut pas aller au cinéma.)

Il est *si gentil que* tout le monde l'aime.

(=Parce qu'il est gentil, tout le monde l'aime.)

◆ LAISSER+*infinitif*

1) *Infinitif=verbe intransitif:*

Il laisse *jouer* son chien dans la chambre.

Il le laisse *jouer*.

2) *Infinitif=verbe transitif:*

Il laisse *lire* ce livre à (par) ses fils.

Il le leur laisse *lire.*

Suzanne est l'aînée des enfants. Elle ne va plus au lycée: elle l'a quitté il y a trois ans, parce qu'elle n'aimait pas les études. Elle n'aime que les arts: la peinture, la musique et surtout le piano.

Cependant, elle apprend aussi l'anglais et l'allemand dont elle aura besoin plus tard et aussi parce que son père le veut. Il pense que les langues sont une partie essentielle de l'éducation. Elle prend donc des leçons d'anglais et d'allemand. Cette année, elle veut aller passer l'été à Londres pour améliorer sa prononciation anglaise. Son père a consenti à la laisser partir mais sa mère le voudra-t-elle?

Elle pense que sa fille est trop petite pour voyager seule.

La musique est comme nous l'avons dit son art favori. Elle apprend le piano qu'elle étudie six ou sept heures par jour, aussi en joue-t-elle bien. Trois fois par semaine, le lundi, le mercredi et le jeudi, elle va au Conservatoire prendre des leçons de piano. Elle ira demain jeudi. Son maître de musique dit qu'elle sera certainement un jour une grande artiste et sans doute a-t-il raison.

Au printemps elle donnera un concert: elle en a donné déjà un, en automne. Elle a joué si bien que tout le monde l'a applaudie. Suzanne aime voyager et désire surtout aller à New York pour y donner des concerts. Sans doute aime-t-elle voir cette grande ville américaine si différente de nos villes françaises.

◆ *Questionnaire*

1) Pourquoi Suzanne a-t-elle quitté le lycée?
2) Qu'aime-t-elle?
3) Quelles langues apprend-elle?
4) Où veut-elle passer l'été cette année?
5) Pourquoi?
6) Son père a-t-il consenti à la laisser partir?
7) Pourquoi Suzanne va-t-elle au Conservatoire?
8) Que dit son maître de musique?
9) Que fera-t-elle au printemps?
10) Où désire-t-elle aller surtout?

◆ *Devoirs*

1 *Répondez aux questions par des phrases qui contiennent le pronom neutre.*

1. Etes-vous prête?
2. Cette visite était-elle intéressante?
3. Savez-vous qu'ils sont arrivés à Séoul?
4. Vous dites qu'il s'est promené dans le jardin?
5. Etaient-elles contentes de sa visite?
6. Vous pensez qu'il a retrouvé son vieil ami?

2 *Refaites les phrases suivantes pour y introduire l'expression* **trop...pour.**

1. Il est pauvre, il ne peut pas avoir une auto.
2. Vous êtes bon, vous ne pouvez pas refuser cela.
3. Il est vieux, il ne peut pas travailler.
4. La glace est mince, elle ne peut pas résister.
5. Cette région est sauvage, elle n'est pas bien connue.
6. Le bébé est petit, il ne peut pas marcher tout seul.

[3] ***Refaites les phrases suivantes pour y introduire l'expression 'si...que'.***

1. Parce que le professeur parle lentement, on le comprend bien.
2. Parce qu'il parlait bien, tout le monde a été surpris.
3. Il faisait très froid et on ne pouvait pas sortir.
4. La glace est mince, on ne peut pas patiner.

◆ *Expressions utiles*

1. Allez voir Jean.
2. Nous n'avons pas le temps de discuter.
3. Il n'est pas encore parti.
4. Vous avez donné à manger aux enfants.
5. Ça ne presse pas.
6. Il est en train de réciter
7. En attendant, vous faites de l'argent.
8. Il vient vous chercher.
9. Je n'aime pas monter à cheval.
10. Nous cherchons à vous faire plaisir.
11. Ma foi, il a raison.
12. Je fais de la peinture à l'huile.
13. Je descends à l'hôtel de Paris.
14. Je l'espère bien.
15. Il va en France pour les affaires.
16. Le biffteck est à point.
17. Il a l'air content.
18. En voilà assez.
19. Cela ne me plaît pas.
20. Au plaisir.
21. Il monte dans la voiture.
22. Il descend de la voiture.

39e (*Trente-neuvième*) *LEÇON*

◆ *Le participe présent: -ANT*

entrer—entrant	finir—finissant	rendre—rendant
courir—courant	avoir—ayant	être—étant
savoir—sachant	se précipiter—se précipitant	

◆ *L'emploi du participe présent*

1) *Le gérondif*=en+*participe présent*

   a) Elle est tombée *en traversant* la rue. [simultanéité]

   Elle causait *en travaillant*. [〃]

   b) *En disant* cela, elle nous flatte. [moyen]

   c) *En finissant* ce travail ce soir, vous serez libre demain. [condition]

2) Elle est sortie, *laissant* la porte ouverte.

   Sachant qu'elle était sortie, j'ai fermé la porte.

3) Je regardais les bateaux *descendant le* fleuve.

   (=qui descendaient le fleuve).

◆ *La préposition: A*

1) Elle *apprend à* jouer du piano.

   Nous avons *réussi à* le persuader.

   Il *se met à* écrire une lettre.

   Elle nous *a invités à* dîner chez elle.

2) Il a *une voiture à* vendre.

   Elle a *une photo à* vous montrer.

3) Ce mot est *difficile à* comprendre.

   Cela est *facile à* expliquer.

4) Une salle *à* manger.

   Une machine *à* écrire.

   Une brosse *à* cheveux.

   Une boîte *aux* lettres.

Il est très pressé.

Assise près de la fenêtre du salon, Mme Duval voit arriver son fils Michel. Il est très pressé. Il entre en coup de vent, laissant la porte ouverte. Il monte l'escalier en courant, sans entendre la voix de sa mère qui lui demande de fermer la porte.

Dans sa chambre, il se met à faire sa valise. Il y met son pyjama, une chemise blanche, une cravate neuve, des chaussettes, des sous-vêtements, des mouchoirs et un chandail. Il met dans un nécessaire son peigne, sa brosse à cheveux et une lime à ongles. Se précipitant dans la salle de bain, il cherche sa brosse à dants, un tube de pâte dentifrice et un pain de savon.

Entendant sa mère dans le couloir, il continue à faire ses préparatifs tout en lui expliquant que son camarade Joseph viendra le prendre avec sa voiture dans une heure. Hier Joseph l'a invité à passer la fin de semaine à la campagne. Il attendait cette invitation depuis quelques jours et ses parents lui ont donné la permission de l'accepter. Les deux garçons pourront s'amuser à nager, à pêcher, à faire du canotage. Michel a appris à nager et Mme Duval n'a pas peur de le laisser partir pour le bord du lac.

◆ *Questionnaire*

1) Où Mme Duval est-elle assise?
2) Qui voit-elle arriver?
3) Comment monte-t-il l'escalier?
4) Que se met-il à faire?
5) Qu'est-ce qu'il met dans sa valise?
6) Que met-il dans son nécessaire?
7) Que cherche-t-il dans la salle de bain?
8) Où va-t-il passer la fin de la semaine?
9) Qui l'a invité?
10) Comment s'amusera-t-il?

◆ *Devoirs*

1 *Mettez au participe présent.*

1. (*dire*) En _____ cela elle est sortie.
2. (*faire*) En _____ tous vos devoirs vous comprendrez tout.
3. (*manger*) En _____ trop vite vous aurez mal à l'estomac.
4. (*être*) _____ en retard elle ne nous a pas attendus.
5. (*descendre*) Elle est tombée en _____ l'escalier.
6. (*savoir*) _____ qu'elle travaillait, je ne l'ai pas appelée.
7. (*entendre*) En _____ la musique il regardait par la fenêtre.
8. (*se dépêcer*) En _____ vous arriverez à l'heure.
9. (*commencer*) En _____ maintenant vous aurez assez de temps.
10. (*laisser*) Elle est sortie, _____ la porte ouverte.

2 *Complétez en employant les pronoms relatifs* **qui, que, dont, où, laquelle.**

1. Le garçon _____ j'ai vu était en train de travailler.
2. Le stylo _____ est sur le bureau est à mon frère.
3. La chambre dans _____ il entre est grande.
4. Les vêtements _____ il a besoin sont un complet et un pardessus.

5. Ce _____ m'intéresse, c'est ce timbre-là.
6. La maison _____ il demeure n'est pas loin.
7. Les timbres _____ m'intéressent sont ceux de l'Angleterre.
8. Ce _____ je collectionne, ce sont les timbres de l'Amérique du Sud.
9. Les timbres _____ tu as achetés sont beaux.
10. L'enveloppe sur _____ il a vu ce timbre venait du Canada.

3 ***Complétez en employant l'infinitif, le participe présent ou le présent de l'indicatif.***

1. *Il s'intéresse à* (*lire*) _____ l'histoire universelle.
2. En (*quitter*) _____ la maison, il a rencontré sa cousine.
3. Est-ce qu'il passe son temps à (*parler*) _____ à ses amis?
4. Il fait l'exercice sans (*regarder*) _____ la grammaire.
5. En (*songer*) _____ à cela, elle s'est endormie.
6. Vous ne (*perdre*) _____ pas vos temps à l'école cette année.

◆ *Expressions utiles*

1. Ça fait un an que...
2. J'attends toujours.
3. Il écrit quand même.
4. Evidemment, vous avez raison.
5. La maison est confortable.
6. Il va au magasin d'en face.
   Je vais à la salle du fond.
   Ils vont à la maison du coin.
   Il parle à la bonne d'à côté.
7. Imaginez-vous cela !
8. Il joue tous les après-midi.
   Il a travaillé tout l'après-midi.
9. Il fait du sport.
10. Il lui a demandé de l'argent une fois de plus.

40e (*Quarantième*) *LEÇON*

◆ *Les verbes suivis d'un infinitif complément*

J'aime (J'aimerais)	lire	J'ai	à lire	Je cesse	de lire
Je vais		J'aide		Je continue	
Je crois		J'aime		Je décide	
Je désire		J'apprends		Je demande	
Je dois		Je cherche		Je dis	
J'écoute		Je commence		J'essaie	
J'entends		Je continue		Je finis	
J'espère		J'invite		J'oublie	
Je pense		Je me décide		Je permets	
Je peux		Je m'amuse		Je prie	
Je préfère		Je me mets		Je refuse	
Je sais		Je me prépare		Je regrette	
Je veux		Je parviens		Je remercie	
Je viens		Je renonce		Je souhaite	
Je vois		Je réussis		Je tâche	
Il faut		Je tiens		Je tente	

◆ *La préposition:* DE

1) Elle a demandé la *permission de* nous accompagner.
   Je n'ai pas *le plaisir de* la connaître.
   Avez-vous *le temps de* faire une promenade?
   Elle *a peur de* tomber.
   Nous *avons envie de* voir ce film-là.
2) Nous serons *contents de* le voir.
   Je suis *flatté d'*être invité.
   Il est *nécessaire de* finir ce travail.
   Il est *difficile d'*expliquer ce mot.

Elle est en train de repasser le drap.

Mme Dubois aime à courir les magasins comme toutes les femmes. Il y a toujours de jolies choses à voir dans les devantures. Mais aujourd'hui elle n'a pas le temps de les regarder. Elle a plusieurs courses à faire et le temps est à la pluie. Elle a peur de se mouiller les pieds si elle ne rentre pas aussitôt que possible.

Alice accompagne sa mère. Elle devient trop grande pour ses robes de l'été passé et elle est très contente quand sa mère lui dit de choisir deux robes de coton pour remplacer ses vieilles robes qui sont maintenant trop courtes. Il lui faut aussi des vêtements de dessous et des bas de laine.

Mme Dubois doit passer chez le cordonnier. Son mari lui a demandé de faire réparer ses gros souliers. Il avait oublié de les y porter quand il était descendu en ville avant-hier. Elle doit passer aussi chez la blanchisseuse. Mme Dubois lui a donné deux draps à laver et à repasser.

En sortant du grand magasin, Mme Dubois voit qu'il pleut déjà. Elle est très ennuyée.

— Dépêchons-nous, ma petite. Il faut prendre un taxi. Nous allons rentrer tout de suite. J'irai demain chez le cordonnier et chez la blanchisseuse, ou après demain peut-être.

le cordonnier

◆ *Questionnaire*

1) Qu'est-ce qu'il y a à voir dans les devantures?
2) De quoi Mme Duval a-t-elle peur?
3) Pourquoi Catherine est-elle contente?
4) Qu'est-ce qu'il faut acheter aussi?
5) Qu'est-ce que M. Duval a demandé à sa femme?
6) Qu'est-ce que Mme Duval a oublié de faire?
7) Quand M. Duval était-il descendu en ville?
8) Pourquoi faut-il prendre un taxi?
9) Pourquoi Mme Duval est-elle ennuyée?
10) Quand ira-t-elle chez le cordonnier?

◆ *Devoirs*

1 *Complétez les phrases suivantes.*

1. Avez-vous le temps _____ lire cette lettre?
2. Elle aura quelques courses _____ faire cet après-midi.
3. Avez-vous oublié _____ apprendre les verbes?
4. Nous sommes contents _____ vous revoir.
5. Elle nous a dit _____ nous dépêcher.
6. Il est difficile _____ expliquer ce mot.
7. Le français n'est pas facile _____ apprendre.
8. Il faut inviter Roger _____ aller au cinéma.
9. M. Duval a permis _____ Michel _____ accepter son invitation.

2 *Remplacez le tiret par la préposition convenable. Si la phrase est complète sans préposition, n'ajoutez rien.*

1. Nous continuons _____ préparer nos examens.
2. Il n'a pas pu _____ quitter l'école à cinq heurses.
3. Vous ne regretterez pas _____ suivre ce cours.
4. Ils espèrent _____ habiter Paris.
5. Elle souhaite _____ aller voir l'exposition.

6. J'ai invité mes amis _____ me rendre visite.
7. Nous préférons _____ voir le médecin maintenant.
8. Il faut _____ faire vos devoirs chaque jour.
9. Ils lui demandent _____ bien travailler.
10. Avez-vous oublié _____ écrire à votre cousin?
11. Nous aiderons notre père _____ travailler dans le jardin.
12. Elle n'a pas pu _____ visiter la vieille église.

[2] ***Remplacez le tiret par une préposition, s'il en faut une.***

1. Il m'a demandé _____ l'attendre le soir.
2. Le professeur a dit _____ l'élève _____ ne plus manquer l'école.
3. Les enfants avaient envie _____ jouer dans le jardin.
4. Dans le restaurant nous pouvions _____ parler.
5. Je cesse _____ parler quand le professeur entre dans la salle de conférence.
6. Mme Durand était occupée _____ faire la toilette.
7. Henri se met _____ rire.
8. Le professeur essayait _____ parler lentement.
9. Il voulait _____ arriver à l'heure.
10. Le pauvre enfant avait peur _____ tout le monde.

◆ *Expressions utiles*

[1] *Pour le jour de l'an:*

1. Je viens vous offrir mes souhaits de bonne Année et mes vœux les plus sincères.
   — Merci. A vous de même.
2. Permettez-moi de vous souhaiter une bonne Année et une bonne santé.
   — Merci, je vous en souhaite autant.

[2] *Pour la fête de quelqu'un:*

— Je vous souhaite une bonne fête.

— Je vous suis fort obligé de votre attention.

◆◆◆ *Textes complémentaires* ◆◆◆

C'est le 26 décembre. La famille Duval est au salon. Tout le monde lit et écrit des lettres.

M. Duval vient de recevoir des cartes de Noël de ses amis en Amérique. Il est heureux d'avoir de leurs nouvelles. Voici ce que disent ses amis américains:

— Je vous souhaite un joyeux Noël et une bonne et heureuse année.

En France on envoie des compliments pour le jour de l'an au lieu de les envoyer pour Noël.

Quand M. Duval répond, il écrit: — Je vous souhaite une bonne Année et une bonne santé.

Mme Duval fait aussi sa correspondance. Voici ce qu'elle dit: — Je désire vous offrir mes souhaits de bonne Année et mes vœux les plus sincères.

Catherine et Michel écrivent à un cousin pour le féliciter à l'occasion de sa fête qui tombe le 30 décembre.

En France on célèbre la fête du saint dont on parle le nom, plutôt que de fêter l'anniversaire de naissance.

Catherine écrit: — Mes félicitations les plus sincères à l' occasion de votre fête.

Poil de Carotte

La famille Lepic a trois enfants, Félix, le favori de sa mère, Ernestine, petite fille timide, et Poil de Carotte, qu'on appelle ainsi parce qu'il a les cheveux rouges. Poil de Carotte est très laid. Sa mère ne l'aime pas beaucoup. Un soir avant de se coucher Madame Lepic dit à Félix:

« Je crois que la servante a oublié d'enfermer les poules. Va le faire. »

Mais Félix refuse en disant:

« Je ne suis pas ici pour m'occuper des poules. »

Ernestine refuse aussi de sortir. Elle dit qu'elle a peur parce qu'il fait si noir dehors. Alors Madame Lepic crie:

« Poil de Carotte, va enfermer les poules ! »

« Mais maman, j'ai peur aussi. » dit le petit garçon.

« Comment ? Dépêche-toi s'il te plaît, ou je te bats ! »

« Oh! lui, il ne craint rien ni personne ! » ajoute Félix.

Poil de Carotte est flatté par les paroles de Félix et il part. Sa sœur l'accompagne avec une lampe jusqu'au bout du corridor. Mais le vent éteint la lumière. Tout à coup Ernestine, terrifiée, rentre. Elle laisse Poil de Carotte seul. Il tremble. Il croit apercevoir des renards et même des loups Il court vers les poules. Elles l'entendent et commencent à faire du bruit. Elles ont peur aussi. Il leur crie:

« Taisez-vous, c'est moi ! »

Il ferme la porte bien vite et il court pour retourner à la maison. Quand il rentre dans la chambre, il est fier. Il sourit. Il attend des compliments de tout le monde pour son courage. Mais Madame Lepic dit simplement:

« Poil de Carotte, puisque tu n'as pas peur, tu iras enfermer les poules tous les soirs. »

La citrouille et le gland

Un paysan se reposait à l'ombre d'un grand et beau chêne. Il regardait devant lui un champ de citrouilles et il admirait surtout l'une des citrouiells qui était immense et jaune comme l'or. « Quel beau fruit ! pensait-il; quelle taille extraordinaire !

Comment un fruit si gros peut-il pousser sur une plante si petite ? Voilà, au contraire, un grand chêne qui ne produit que de tout petits...... Vraiment, il y a là quelque chose qui n'est pas bien. Le contraire aurait été préférable...... Il me semble que Dieu, si admirable dans toutes ses œuvres, aurait dû mettre les gros fruits les gros arbres. Comme ce chêne serait beau si, au milieu de son vert feuillage, quelques-unes de ces citrouilles dorées étaient suspendues ! » A ce moment le vent a secoué le chêne et un gland tomba juste sur le nez du paysan. « Aïe ! secrie-t-il, voilà la réponse du ciel ! Mon pauvre nez ! Si ce gland avait été une citrouille, tu aurais été écrasé ! »

L'esprit de LA FONTAINE

La Fontaine est toujours très distrait. Il passe son temps à rêver aux personnages de ses fables. Un jour le Prince de Condé l'invite à dîner mais le poète oublie d'y aller. Naturellement le Prince est furieux contre ce petit poète qui ose refuser l'invitation du grand Condé.

Le lendemain matin La Fontaine va chez le prince et lui présente ses humbles excuses. Condé lui tourne le dos.

— Merci, Monseigneur, s'écrie le fabuliste. Je vois bien que vous n'êtes pas fâché contre moi.

Le prince, très étonné, lui demande:

Verbe CRAINDRE		*Verbe BATTRE*	
Je crains	N. craignons	Je bats	N. battons
Tu crains	V. craignez	Tu bats	V. battez
Il craint	Ils craignent	Il bat	Ils battent

— A quoi voyez-vous cela ?

— Vous me tournez le dos. Vous n'avez pas l'habitude d'agir ainsi envers vos ennemis.

L'adroit complaît tant au prince de Condé qu'il tend la main au poète.

La lune blanche

La lune blanche
Luit dans les bois.
De chaque branche
Part une voix
Sous la ramée...
O bien-aimée !

L'étang reflète,
Profond miroir
La silhouettes
Du saule noir
Où le vent pleure...
Rêvons: c'est l'heure.

Un vaste et tendre
Apaisement
Semble descendre
Du firmament
Que l'astre irise...
C'est l'heure exquise.

Paul Verlaine

41e (Quarante et unième) LEÇON

◆ *Le conditionnel présent*

Pour faire le présent du conditionnel, prenez le futur de l'indicatif; remplacez les terminaisons par celles de l'imparfait de l'indicatif.

Aimer		*Finir*	
J' aimer*ais*	Nous aimer*ions*	Je finir*ais*	Nous finir*ions*
Tu aimer*ais*	Vous aimer*iez*	Tu finir*ais*	Vous finir*iez*
Il aimer*ais*	Ils aimer*aient*	Il finir*ait*	Ils finir*aient*
Avoir		***Être***	
J' aur*ais*	Nous aur*ions*	Je ser*ais*	Nous ser*ions*
Tu aur*ais*	Vous aur*iez*	Tu ser*ais*	Vous ser*iez*
Il aur*ait*	Ils aur*aient*	Il ser*ait*	Ils ser*aient*
Aller		***Vouloir***	
J' ir*ais*	Nous ir*ions*	Je voudr*ais*	Nous voudr*ions*
Tu ir*ais*	Vous ir*iez*	Tu voudr*ais*	Vous voudr*iez*
Il ir*ait*	Ils ir*aient*	Il voudr*ait*	Ils voudr*aient*

◆ *Le futur douteux* (*Le présent irréel*)

Si+l'imparfait de l'indicatif...+le présent du conditionnel

Si j'*allais* en France, j'*étudierais* à la Sorbonne.

Si j'*étais* en France, j'*irais* au Louvre.

Attention !

Le possible: *Si* je *vais* en France, j'étudierai à la Sorbonne.

Un beau voyage

« Que ferais-tu si tu étais riche, millionnaire, par exemple ? »

C'est Michel qui, un soir, au moment où la nuit tombe, pose cette question à son ami Joseph, couché dans l'herbe auprès de lui. Et Joseph, les deux mains sous la tête, répond d'une voix douce en regardant les étoiles qui s'allument:

« Si j'étais riche et libre... je voudrais être marin, avoir un bateau pour moi tout seul, un bateau à voiles avec un petit moteur pour les jours sans vent........Je traverserais les océans... J'irais de port en port, d'île en île... Ce serait merveilleux.

— Et que deviendrais-tu dans les tempêtes ?

— Mon bateau ne serait pas très grand; il n'aurait qu'une cabine à l'intérieur. Je descendrais. Je fermerais tout. Et il flotterait à la surface des vagues. De temps en temps, je rencontrerais, comme Robinson, une île déserte et je pourrais m'y arrêter le temps que je voudrais. »

Et les deux enfants, pris par leur rêve, se taisent dans la nuit. Mais au bout d'un moment, on entend la voix de Michel qui murmure:

« Emmène-moi avec toi dans ton bateau... »

Verbe SE TAIRE

Je me tais	Nous nous taisons	Je me tairai
Tu te tais	Vous vous taisez	Je me taisais
Il se tait	Ils se taisent	Je me suis tu

◆ Questionnaire

1) Que demande Michel à son ami?
2) Où sont couchés les deux enfants?
3) Que voudrait faire Joseph s'il était riche et libre?
4) Où souhaiterait-il aller?
5) Est-ce que son bateau serait très grand?
6) Que ferait-il dans les tempêtes?
7) Où s'arrêterait-il de temps en temps?
8) Est-ce que les enfants continuent à parler?
9) Se taisent-ils dans l'après-midi?
10) Que murmure Michel à la fin?

◆ Devoirs

1 ***Mettez les verbes au temps convenable.***

1. Nous sortirions en promenade, s'il ne (*pleuvoir*) _____ pas.
2. Si Marie venait nous voir, nous (*chanter*) _____ ensemble.
3. Nous (*sortir*) _____ en promenade, s'il ne pleut pas.
4. Si Marie (*venir*) _____ nous voir, nous chanterons ensemble.
5. Que feriez-vous, si vous (*être*) _____ à ma place?
6. Si ce garçon (*fumer*) _____ la pipe, il serait bien malade.
7. Je donnerai ce livre à Jean, si je le (*voir*) _____.
8. Je (*donner*) _____ ce livre à Jean, si je le voyais.
9. Si nos amis nous visitent, nous (*aller*) _____ sur la plage.
10. Si nos amis nous visitaient, nous (*aller*) _____ sur la plage.

2 ***Mettez au présent du conditionnel.***

1. Elles (*faire*) _________
2. Il (*pouvoir*) _________
3. Nous (*être*) _________
4. Tu (*voir*) _________
5. Je (*chanter*) _________
6. Vous (*choisir*) _________
7. Elle (*vouloir*) _________
8. Tu (*prendre*) _________
9. Vous (*finir*) _________
10. Je (*préférer*) _________
11. Ils (*changer*) _________
12. Nous (*venir*) _________

3 ***Complétez les phrases en mettant l'infinitif au temps voulu.***

1. Si vous partez maintenant, vous la (*voir*) _____.
2. S'il écrit cette lettre aujourd'hui, elle la (*recevoir*) _____ demain.
3. Nous arriverons à trois heures, si nous (*prendre*) _____ le train de deux heures.
4. Si vous prenez les billets, nous (*aller*) _____ au théâtre.
5. J' (*avoir*) _____ besoin d'argent, si je fais ce voyage.
6. Si tu travailles bien, tu (*devenir*) _____ médecin.

4 ***Complétez les phrases en mettant l'infinitif au temps voulu.***

1. Si vous entendiez les œuvres de Bizet, vous les (*aimer*) _____.
2. S'il était ici, il (*prendre*) _____ la parole.
3. Si le professeur me posait une question, je (*répondre*) _____ correctement.
4. S'il (*choisir*) _____ cette carrière-là, il réussirait.
5. Si j'entendais dire cela, je ne (*croire*) _____ pas.
6. Si Alain (*entrer*) _____ à l'université, il travaillerait beaucoup.

◆ *Expressions utiles*

1. Mais oui.	5. Il ne se gêne pas.
Mais non.	6. Il ne se gêne pas pour moi.
Mais si.	7. Ne vous gênez pas.
2. Tant mieux.	8. Ne vous gênez plus.
3. Tant pis.	9. Je sens que je les gêne.
4. Il gêne son voisin.	10. Il est dans la gêne.

42e (*Quarante-deuxième*) LEÇON

◆ Le conditionnel passé (*Le fait irréel du passé*)

Conditionnel présent de AVOIR ou ÊTRE+PARTICIPE PASSE

J'	aurais	donné	Je	serais	parti
Tu	aurais	donné	Tu	serais	parti
Il	aurait	donné	Il	serait	parti
Nous	aurions	donné	Nous	serions	partis
Vous	auriez	donné	Vous	seriez	partis
Ils	auraient	donné	Ils	seraient	partis

Le fait irréel du passé:

S'il *était venu*, nous *aurions été* contents.

◆ L'emploi particulier du conditionnel

Le conditionnel peut exprimer aussi:

1) ***Le souhait:*** J'*aimerais* aller à la mer cet été.
2) ***L'atténuation:*** *Pourrions-nous* aller ce soir au cinéma?
   (*la politesse*) Je *voudrais* vous demander un service.
3) ***Le futur dans le passé:***
   Il m'a dit qu'il *viendrait* me voir ce soir.

◆ L'emploi des numéraux

1) François Ier (*premier*), Henri IV (*quatre*), Louis XIV (quatorze)
   Le 1er octobre, Le 17 novembre.
2) ***Les fractions:***
   1/2 (un demi, une moitié), 1/3 (un tiers), 1/4 (un quart),
   1/5 (un cinquième), 2/7 (deux septièmes), 4/15 (quatre quinzièmes)
3) ***Les nombres approximatifs:***
   une dizaine, une quinzaine, une vingtaine, une centaine,
   un millier, un million, un milliard, une douzaine d'œufs

La sonnerie du téléphone retentit. Catherine décroche et écoute, puis elle dit: « Paul, on te demande au téléphone. Viens vite ! Je crois que c'est Roger. »

— Allô ! Paul ? Comment vas-tu ? C'est la deuxième fois que je t'appelle. Où étais-tu ?

— J'étais sorti et je viens de rentrer. J'ai dû aller chez le médecin cet après-midi avec ma mère.

— Chez le médecin ? J'espère que tu n'es pas malade.

— Non, ce n'est pas grave. C'est un rhume. J'aurais dû le soigner plus tôt.

— Ah, quel dommage ! J'espère que ça ne sera rien. Dis donc, pourrions-nous aller au cinéma ce soir ? On dit qu'il y a un très bon film au Palais où sont représentés toutes sortes de personnages historiques: François Ier, Henri IV, Louis XIV, etc. Ça doit être très bien. Qu'en dis-tu ?

— J'aimerais bien y aller mais pas ce soir. Je ne peux pas. Je dois étudier mes leçons et le médecin a dit que je ferais bien de me coucher de bonne heure.

— Tant pis ! Peut-être pourrions-nous y aller samedi ou dimanche soir.

— Bon, alors c'est entendu, n'est-ce pas ? Samedi soir à l'entrée du Palais, à sept heures et demie.

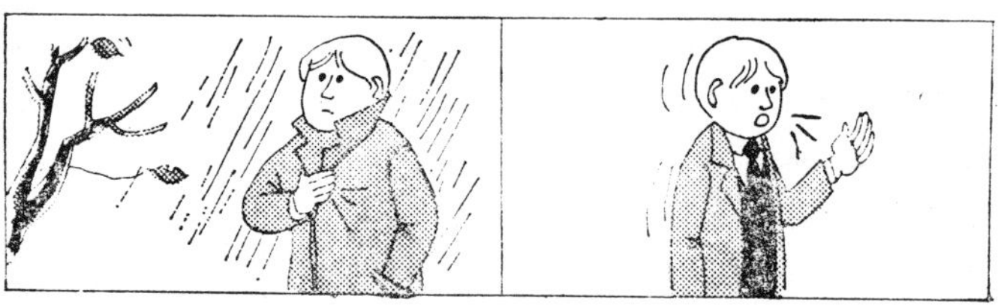

Il prend froid.
Il va avoir un rhume.

Il a sans doute un rhume: il tousse.

◆ *Questionnaire*

1) Qui est-ce qui décroche le téléphone ?
2) Qui demande-t-on au téléphone ?
3) Est-ce la première fois que Roger appelle Paul ?
4) Où est-ce que Paul est allé cet après-midi ?
5) Pourquoi ?
6) Où Roger veut-il avec Paul ?
7) Quel film passe-t-on au Palais?
8) Paul peut-il y aller ce soir ?
9) Pourquoi ne peut-il y aller ce soir ?
10) Qu'est-ce que le médecin lui a dit ?
11) Quel jour pourront-ils y aller ?
12) A quelle heure vont-ils se rencontrer samedi soir ?

◆ *Devoirs*

1 ***Mettez au temps convenable.***

1. Si nous avions eu le temps, nous ________ (*pouvoir*) faire cela.
2. Si elle n'est pas malade, elle ________ (*venir*) nous voir.
3. Il voudrait y rester plus longtemps, si son père le lui ________ (*permettre*).
4. Nous ________ (*être*) contents, si elles étaient avec nous.
5. S'il fait beau, nous ________ (*sotir*).
6. Elle aurait répondu, si elle ________ (*recevoir*) la lettre.
7. Si tu viens le mois prochain, tu ________ (*voir*) les paysans travailler.
8. Si nos parents nous ________ (*conduire*) au théâtre, nous verrions une belle pièce.

2 *Mettez les verbes au temps convenable.*

1. Si j'avais été riche, j' ________ (*acheter*) une auto.
2. Tu serais sorti avant-hier, s'il ________ (*faire*) beau temps.
3. Si tu étais vieux, tu ________ (*être*) courbé par l'âge.
4. Nous ________ (*garder*) une bonne santé, si nous faisons du sport.
5. Si j'avais eu le temps hier, j' ________ (*aller*) à l'Opéra.
6. Si vous ________ (*vouloir*) me rendre visite, je serais bien content.
7. Cette dame ________ (*être*) heureuse, si on lui donnait une jolie robe.
8. Si ce jeune homme avait beaucoup d'argent, il ________ (*partir*) en voyage.
9. Si nous ________ (*se coucher*) tôt, nous pourrions nous lever tôt.
10. Je ________ (*faire*) un joli costume, si vous m'aviez apporté l'étoffe.

3 *Mettez au conditionnel passé.*

1. Si vous aviez pu venir, je ________ (*rester*) chez moi.
2. Je ________ (*vouloir*) le faire, si j'avais eu le temps.
3. S'il avait eu de l'argent, il ________ (*acheter*) une voiture.
4. Elle serait partie, si elle ________ (*savoir*) l'heure.
5. S'il était allé à Marseille, il ________ (*voir*) les bateaux.
6. Si vous aviez fait la connaissance de cet homme, vous ________ (*devenir*) de véritables amis.

43e (*Quarante-troisième*) LEÇON

◆ *Le subjonctif dans les propositions subordonnées*

1) ***Après les verbes principaux qui exprime une volonté:***

Je veux que	Je souhaite que	Je désire que
Je demande que	Je voudrais que	Je préfère que

Je veux que vous *écoutiez* le professeur.

2) ***Après les verbes ou expressions qui marquent un doute ou un sentiment (de joie, de tristesse, de crainte, etc.):***

Je doute que	Je ne crois pas que
Je ne pense pas que	Croyez-vous que?
Je suis étonné que	J'ai peur que
Je crains que	Je suis heureux que
Je suis fâché que	

*Je suis content qu'*elle nous *écrive.*

3) ***Après quelques verbes de forme impersonnelle:***

Il faut que	Il est nécessaire que	Il est bon que
Il est utile que	Il est possible que	Il est inutile que
Il est impossible que		Il semble que

*Il est bon qu'*il *aille* à l'école.

◆ *La formation du subjonctif présent*

Règle générale: Pour tous les verbes (sauf, *aller, avoir, être, faire, falloir, pouvoir, savoir, valoir, vouloir*)

	que je	parl**e**		finiss**e**
Ils parl**ent**→	que tu	parl**es**		finiss**es**
(*Ind. prés.*)	qu'il	parl**e**		finiss**e**
	que nous	parl**ions**	← Nous parl**ions**	finiss**ions**
	que vous	parl**iez**	← Vous parl**iez**	finiss**iez**
	qu'ils	parl**ent**	(*Ind. imparfait*)	finiss**ent**

Madame Duval va acheter un nouveau chapeau.

« Où vais-je aller ? se demande-t-elle. Chez ma modiste ? Non, je veux un petit chapeau ordinaire et il est préférable que j'aille dans un grand magasin. J'y serai plus libre et j'espère aussi qu'ils auront là ce que je voudrai. »

Le rayon des chapeaux est au troisième étage et il faut qu'elle prenne l'ascenseur. Elle y arrive, regarde les chapeaux et une vendeuse qui vient bientôt-la prie de s'asseoir et lui en apporte de toutes les formes. Mme Duval en choisit un, puis deux, puis trois qu'elle essaye en se regardant dans le miroir.

« Je ne crois pas que ce soit ce que je désire, dit-elle enfin. Celui-ci est trop petit, celui-là est trop cher et j'ai peur que ce dernier ne soit trop jeune. »

« Mais non, Madame, insiste la vendeuse, ce chapeau n'est pas trop jeune; il vous va très bien et il est si joli ! »

« Il se peut qu'il soit joli, déclare Mme Duval, mais je ne crois pas que ce soit ce que je veux. En tout cas, je vous remercie et je réfléchirai. »

Et malgré la vendeuse qui continue à lui vanter les mérites de sa marchandise, elle se lève pour partir.

---

ne explétif: (voir 47e leçon)

◆ *Questionnaire*

1. Qu'est-ce que Mme Duval a décidé d'acheter ?
2. Est-ce qu'elle va aller chez sa modiste ?
3. Pourquoi décide-t-elle d'aller acheter un chapeau dans un grand magasin ?
4. Qu'est-ce qu'une modiste ?
5. Où est le rayon des chapeaux dans ce magasin ?
6. Faut-il qu'elle monte à pied au troisième étage ?
7. Combien de chapeaux Mme Duval essaye-t-elle ?
8. Que dit-elle pour chacun d'eux ?
9. Que lui répond la vendeuse ?
10. Que dit enfin Mme Duval et que fait-elle ?

◆ *Devoirs*

1 ***Ecrivez correctement le verbe entre parenthèses.***

1. Il faut que nous (*acheter*) _____ le chapeau.
2. Je désire que tu (*finir*) _____ cette robe.
3. Le docteur veut que vous (*boire*) _____ ce remède.
4. Leur père souhaite qu'elles (*venir*) _____ à l'exposition.
5. Louis demande que tu (*jeter*) _____ cette pierre.
6. Je suis content qu'elle nous (*écrire*) _____.
7. Il ne faut pas que vous (*appeler*) _____.
8. A quelle heure faut-il que nous (*déjeuner*) _____?

2 ***Mettez les verbes au temps et au mode convenables.***

1. Le grand-père veut que vous lui (*donner*) _____ le briquet.
2. La grand-mère demande que vous lui (*apporter*) _____ les cartes.
3. Le facteur préfère que vous (*recevoir*) _____ le courrier tout de suite.
4. Madame Duval demande que nous (*préparer*) _____ le paquet.
5. Monsieur Duval dit qu'il (*vouloir*) _____ aller à Marseille.

6. Le chauffeur (*vouloir*) _____ que nous l'(*aider*) _____.
7. Il est nécessaire que vous (*payer*) _____ la place.
8. La vendeuse veut que nous (*acheter*) _____ les cravates bleues.
9. Le monsieur ne veut pas que sa femme (*attendre*) _____.
10. Elle est contente que vous (*revenir*) _____.

3 ***Mettez au mode convenable.***

1. (*obéir*) Tu n' _____ pas à tes parents: il faut que tu leur _____.
2. (*réussir*) Est-ce que cet étudiant _____ à ses examens? Je doute qu'il _____, car il ne travaille pas du tout.
3. (*arriver*) Je suis heureux que vous _____ si tôt.
4. (*grandir*) Mon fils ne _____ pas; il reste petit. Je souhaite qu'il _____ encore un peu.
5. (*sortir*) Je n'aime pas que vous _____ si souvent.
6. (*travailler*) Je regrette que vous ne _____ pas. Vous le regretterez certainement plus tard.
7. (*aimer*) Il faut que nous _____ les hommes et les bêtes.
8. (*enlever*) Le chien est en colère, parce qu'il ne veut pas qu'on lui _____ cet os.

◆ *Expressions utiles*

1. Que fait-on si l'on veut rendre visite à un ami?
   On va chez lui et on sonne.
2. Que dit-on quand la bonne vient ouvrir?
   Est-ce que M. Charpentier est chez lui?
   Est-ce que M. Charpentier peut me recevoir?
   M. Charpentier est-il visible?

44ᵉ (*Quarante-quatrième*) LEÇON

◆ *Le subjonctif présent des verbes qui ne suivent pas la règle générale de formation*

Aller	que j'*aille*	que tu *ailles*	qu'il *aille*
	que nous *allions*	que vous *alliez*	qu'ils *aillent*
Avoir	que j'*aie*	que tu *aies*	qu'il *ait*
	que nous *ayons*	que vous *ayez*	qu'ils *aient*
Etre	que je *sois*	que tu *sois*	qu'il *soit*
	que nous *soyons*	que vous *soyez*	qu'ils *soient*
Faire	que je *fasse*	que tu *fasses*	qu'il *fasse*
	que nous *fassions*	que vous *fassiez*	qu'ils *fassent*
Falloir	qu'il *faille*		
Pouvoir	que je *puisse*	que tu *puisses*	qu'il *puisse*
	que nous *puissions*	que vous *puissiez*	qu'ils *puissent*
Savoir	que je *sache*	que tu *saches*	qu'il *sache*
	que nous *sachions*	que vous *sachiez*	qu'ils *sachent*
Valoir	que je *vaille*	que tu *vailles*	qu'il *vaille*
	que nous *valions*	que vous *valiez*	qu'ils *vaillent*
Vouloir	que je *veuille*	que tu *veuilles*	qu'il *veuille*
	que nous *voulions*	que vous *vouliez*	qu'ils *veuillent*

◆ *Le subjonctif=l'impératif*

Que la lumière *soit* !

Qu'il *finisse* le travail !

Vive le roi !

Une lettre

Paris, le 25 juin 1974.

Mon cher Eugène,

Pour que je puisse répondre à ton aimable invitation, il faut toutes sortes de conditions: il faut que je sache avant tout si mon patron est rentré de voyage, que j'aille à son bureau, et qu'il veuille bien me donner la permission de m'absenter.

Ensuite il sera nécessaire que je fasse mon ouvrage la veille de mon départ, que je sois prêt à quatre heures du matin afin que j'aie l'assurance de pouvoir rentrer le soir même du 14 juillet.

Crois-tu que tout cela soit possible ? Tu le vois, c'est assez difficile.

Je veux plutôt que tu viennes me voir dimanche prochain. Ce jour-là, notre ami Guillaume, avec sa sœur et sa cousine, ravissantes jeunes filles, seront aussi chez moi. Nous aurons une journée bien heureuse. Nous dirons: « vive la jeunesse ! » J'ai peur que tu ne sois retenu par des affaires et que nous n'ayons pas le plaisir de te revoir.

toutes mes bonnes amitiés, René Dorival

(Lieu et date)

Cher ami,

Corps de la lettre

←2~3→ cm

Formule de politesse
Signature.

Timbre

Monsieur Eugène Legrand
10, Chemin des Rêveries

Angers
Maine-et-Loire

◆ *Questionnaire*

1. A qui René écrit-il?
2. Qui a invité René?
3. Pour que René puisse répondre, qu'est-ce qu'il lui faut?
4. Faut-il que René aille voir son patron pour lui demander la permission de s'absenter?
5. Est-ce facile pour René de satisfaire à toutes ces conditions?
6. Qu'est-ce que René veut?
7. Qui viendra dimanche prochain?
8. Est-ce que la sœur et la cousine de Guillaume sont jolies?
9. Est-ce qu'ils auront une journée heureuse?
10. De quoi René a-t-il peur?

◆ *Devoirs*

1 ***Mettez les verbes au temps et au mode convenables.***

1. (*donner*) Il faut que nous lui _____ de l'argent.
2. (*finir*) Elle préfère que vous _____ ce travail.
3. (*vendre*) Il se peut qu'elle _____ sa maison.
4. (*être*) J'ai peur qu'il ne _____ trop jeune.
5. (*avoir*) Il se peut qu'il _____ faim.
6. (*prendre*) Pensez-vous qu'il _____ ce train?
7. (*prendre*) Je pense qu'il le _____.
8. (*pouvoir*) Nous sommes heureux que vous _____ venir.
9. (*aller*) Nous demandons qu'il _____ avec nous.
10. (*faire*) Il faut qu'elle _____ ses études.
11. (*venir*) J'espère qu'elle _____ me voir aujourd'hui.
12. (*venir*) Je ne crois pas qu'elle _____ aujourd'hui.

2 ***Ecrivez le verbe à la forme convenable.***

1. Je veux que tu (faire) _____ tes devoirs.
2. Jacqueline nous écrit qu'elle (*venir*) _____ nous voir.
3. Je pense que tu (*avoir*) _____ mal à la tête.

4. Je doute que tu (*avoir*) _____ faim.
5. Il ne faut pas que vous (*être*) _____ malades.
6. Je ne crois pas qu'il (*faire*) _____ froid demain.
7. Je sais qu'elle (*écrire*) _____ une lettre.
8. Il ne faut pas que vous (*jeter*) _____ le pain.

◆ *Expressions utiles*

Ce qu'il faut faire pour écrire une lettre:

Cher ami, (Chère amie,)
Mon cher ami, (Ma chère amie,)
Cher Georges, (Chère Marie), etc.
Cher Monsieur, (Chère Madame, Chère Mademoiselle,)
Monsieur: (Madame: Mademoiselle:)
Veuillez me rappeler au bon souvenir de Monsieur votre père.
Veuillez transmettre mes respectueux hommages à Madame votre mère.
Mes amitiés à votre sœur.
Bien des choses à votre frère.
Mes compliments à Madame votre tante.
Bien à vous, (Bien à toi,)
Mes sincères amitiés,
Mes meilleurs souhaits,
Votre ami sincère,
Une cordiale poignée de main,
Veuillez agréer, Monsieur (Madame, Mademoiselle), l'expression de mes sentiments dévoués.
Veuillez recevoir, cher Monsieur (chère Madame, etc.), mes compliments les plus distingués.

45e (*Quarante-cinquième*) *LEÇON*

◆ *Le subjonctif dans les propositions subordonnées*

1) ***de temps:*** avant que, jusqu'à ce que, en attendant que

   Elle ne peut pas sortir *avant que* sa mère *revienne.*

   Elle travaillera *jusqu'à ce que* sa mère *revienne.*

2) ***de but:*** pour que, afin que, de peur que, de crainte que.

   Le professeur répète les explications *pour que* les élèves *comprennent.*

   Les enfants, revenant de l'école, se dépêchent, *de crainte que* leurs mères les *grondent.*

3) ***de concession:*** bien que, quoique

   Je sortirai *bien que* je *sois* malade.

4) ***de condition:*** à moins que ..ne, pourvu que, au cas que.

   Nous sortirons *à moins qu'il ne pleuve.*

   Je serai heureuse *pourvu que* vous m'*aimiez.*

◆ *Le subjonctif dans les propositions relatives*

1) ***Après l'interrogation:***

   Connaissez-vous un domestique qui *sache* le français et l'italien?

2) ***Après la négation:***

   Nous *n*'avons *aucun* ami qui *sache* le russe.

3) ***Après le superlatif:***

   Voilà *la plus belle peinture* que je *connaisse.*

4) ***Après «seul,» «premier,» «dernier»:***

   C'est *le seul* qui *soit* capable de faire cela.

5) ***Après le verbe qui exprime le résultat irréalisable:***

   Je cherche *un* homme qui *puisse* faire cela.

On met une lettre à la boîte.

Mme Legris a mis ses gants et elle est prête à sortir. Elle descend lentement l'escalier et par la porte de cabinet d'étude, elle voit son fils Louis penché sur la lettre qu'il est en train d'écrire. Louis essaie de finir sa lettre avant que sa mère ne sorte. Il écrit aujourd'hui pour que son frère Edouard reçoive la lettre le jour de sa fête. Edouard aura vingt-trois ans mardi prochain. Louis doute que sa lettre puisse partir par le courrier de ce soir à moins que sa mère ne la porte au bureau de poste. Elle ne partira que demain matin si on la met dans la boîte aux lettres qui se trouve au coin de la rue.

— Tu ne sors pas? demande Mme Legris.

— Non, maman, parce que je dois sortir ce soir. J'ai pas mal de choses à faire avant vorte retour. Je pourrai lire jusqu'à ce que Albertine revienne de sa promenade. Ce roman de Victor Hugo est le livre le plus intéressant que je connaisse. Quels achats voulez-vous faire aujourd'hui?

— Jeanne n'a pas de gants qui aillent avec son chapeau neuf, ton père a besoin de mouchoirs, et je voudrais trouver un fauteuil qui plaise à ton grand-père. Je tâcherai d'être de retour avant que ton père rentre à six heures.

Le facteur porte les lettres et les paquets.

◆ *Questionnaire*

1) Est-ce que Mme Legris n'est pas encore prête à sortir?
2) Qui est-ce que Mme Legris voit par la porte de cabinet d'étude?
3) Qu'est-ce que Louis fait?
4) A qui écrit-il?
5) La lettre de Louis peut-elle partir par le courrier de ce soir si on la met tout de suite dans la boîte aux lettres?
6) Est-ce que Louis sort avec sa mère?
7) Pourquoi?
8) Qu'est-ce qu'il va faire?
9) Comment trouve-t-il le roman de Victor Hugo qu'il lit?
10) Quels achats Mme Legris veut-elle faire aujourd'hui?

◆ *Devoirs*

I ***Mettez les verbes au mode convenable.***

1. J'y ______ (*être*) demain à moins que je ne ______ (*être*) malade.
2. Je ________ (*revenir*) avant qu'il ________ (*partir*).
3. Je ______ (*faire*) mon travail bien qu'ils ne ______ (*faire*) pas le leur.
4. Je ______ (*aller*) le soigner moi-même pour qu'il n' ______ (*aller*) pas chez le médecin.
5. Voici les livres qu'il ______ (*lire*) hier.
6. Il tâchera de trouver un cadeau qui ______ (*plaîre*) à sa femme.

2 ***Ecrivez les phrases suivantes, en remplaçant les propositions soulignées par un gérondif.***

1. Je viendrai te voir quand je partirai.
2. Ne lisez pas pendant que vous mangez.
3. Ne garde pas une main dans ta poche quand tu salues quelqu'un.
4. Tu réussiras à l'examen, si tu travailles bien.
5. Si vous vous dépêchez, vous ne serez pas en retard.
6. Fais attention: tu ne tomberas pas.

3 ***Complétez en employant le présent du subjonctif.***

1. Attendez ici jusqu'à ce qu'elle (*venir*) _____.
2. Je le verrai pourvu qu'il ne (*partir*) _____ avant une heure.
3. Ecrivez-leur tout de suite pour qu'ils (*savoir*) _____ à quelle heure il faudra venir.
4. Je lirai le journal en attendant qu'ils (*venir*) _____.
5. Mettez cette lettre à la poste afin qu'il la (*recevoir*) ___ aujourd'hui.
6. Je vous explique ceci pour que vous (*comprendre*) _____ la situation.
7. Restez ici au cas qu'il (*revenir*) _____.
8. Nous les verrons pourvu qu'ils (*être*) _____ toujours à Paris.
9. Au cas qu'il ne (*savoir*) _____ pas ce qu'il faudra faire, dites-le-leur.
10. Mme Legris sera heureuse pourvu que son fils Edouard (*recevoir*) _____ l'argent.

◆◆◆ *Textes complémentaires* ◆◆◆

Il pleure dans mon cœur...

Il pleure dans mon cœur
Comme il pleut sur la ville,
Quelle est cette langueur ?
Qui pénètre mon cœur ?

O bruit doux de la pluie
Par terre et sur les toits !
Pour un cœur qui s'ennuie,
O le chant de la pluie !

Il pleure sans raison
Dans ce cœur qui s'écœure,
Quoi ! nulle trahison ?
Ce deuil est sans raison.

C'est bien la pire peine
De ne savoir pourquoi,
Sans amour et sans haîne,
Mon cœur a tant de peine !

Paul Verlaine

Une écuelle précieuse

Un antiquaire qui cherchait des meubles et des objets anciens dans les maisons de paysans en Normandie a découvert un jour, dans une de celles-ci, une ravissante écuelle bleue, certainement ancienne. Cette écuelle était posée par terre et un chat y buvait du lait.

Afin de ne pas attirer l'attention du paysan sur la valeur de l'écuelle, le marchand lui a dit d'un ton détaché:

— Quel beau chat vous avez là !

— Oui, réplique l'autre, c'est une jolie bête !

— Ne voudriez-vous pas me le vendre ?

— Combien m'en donneriez-vous ?

— Vingt francs. Cela vous va-t-il ?

Le paysan réfléchit un instant, puis accepte. L'antiquaire met alors vingt francs dans la main du vendeur, prend le chat dans ses bras et se dirige vers la porte. Mais là il s'arrête tout à coup et dit négligemment:

— La pauvre bête aura certainement soif en route...... Permettez-moi d'emporter l'écuelle pour le faire boire quand il en aura envie !

Mais le paysan répond:

— Je regrette, mais je ne peux pas vous la donner. Grâce à cette écuelle, j'ai déjà vendu quatorze chats.

Verbe DÉCOUVRIR	Je découvre	N. découvrons	Je découvrirai
	Tu découvres	V. découvrez	Je découvrais
	Il découvre	Ils découvrent	J'ai découvert

André aime le football

André est avant-centre dans l'équipe de football des étudiants de Marseille. Toutes les semaines, il passe quatre ou cinq heures au stade, et le dimanche, il dispute des matches.

Son équipe vient de battre l'équipe de Grenoble et elle gagnera peut-être aussi à Poitiers, dimanche. Ce n'est pas certain: les Marseillais ont une bonne équipe, cette année, mais les Poitevins sont aussi forts qu'eux.

Le lundi André parle toujours des matches à Marie, mais elle ne l'écoute pas: elle déteste le football, et elle ne va jamais voir de matches. Mais André a des amis sportifs comme lui. Ils connaissent le nom de tous les champions et la composition de toutes les équipes. Ils passent plus de temps à parler de sport qu'à étudier les mathématiques. Mais les examens sont encore loin. En mai, ils oublieront le football et ne penseront plus qu'à travailler. Ce sera peut-être un peu tard !

L'épingle

Lorsque son fiancé est parti pour la guerre, Blanche lui a fait cadeau d'une épingle qu'il a juré de garder précieusement.

— Vous me la donnez, dit Pierre, sans doute pour que je pense à vous.

— Non, dit-elle, je sais que vous ne m'oublierez jamais.

— Vous me la donnez peut-être pour qu'elle me porte bonheur ?

— Non, je ne suis pas superstitieuse.

— Je ne cherche plus à comprendre, dit Pierre, il suffit qu'elle me vienne de vous et que vous m'aimiez.

— Je vous aime, dit Blanche, mais mon épingle vous servira.

Or, il arriva qu'au feu Pierre reçut une balle dans le bras gauche et qu'il fallut le lui couper.

— Je connais Blanche, dit-il, par délicatesse, elle hâtera notre mariage.

Il est revenu et sa première visite a été pour elle. Comme il marchait sur la route, fier d'être au monde, d'un pas pressé, il a observé sa manche vide.

Elle pendait inerte, toute plate, ou se balançait de droit et de gauche, sans mesure, ou sautillait comme un tronçon de bête.

— Cette tenue négligée, dit Pierre, me ridiculise un peu. De la main qui lui restait, il a relevé sa manche et, l'ayant pliée en deux, il l'a fixé proprement à son épaule, avec l'épingle.

Jules Renard.

46e (*Quarante-sixième*) *LEÇON*

◆ *L'infinitif passé*

Avant de déjeuner, il fait sa toilette.
Après *avoir déjeuné,* il travaille.
(=Après qu'il a déjeuné..., *ou* Ayant déjeuné...)
Après *être descendue* de sa chambre, elle fait le ménage.
(=Après qu'elle est descendue..., *ou* Etant descendue...)
Après *s'être lavée,* elle déjeune.
(=Après qu'elle s'est lavée, *ou* S'étant lavée...)

Attention !

après *m'*être lavé(e), *je...*	après *nous* être lavé(e)s, *nous...*
après *t'*être lavé(e), *tu...*	après *vous* être lavé(e)s, *vous...*
après *s'*être lavé, *il(elle)...*	après *s'être* lavé(e), *ils (elles)...*

◆ *Le participe*

Passant dans la rue, je suis monté vous voir.
Ayant terminé mon travail, je fait une promenade en auto.
(=Après que j'ai terminé... *ou* Après avoir terminé...)
Etre: ayant été. Avoir: ayant eu. Boire: ayant bu, etc.
Etant arrivé trop en retard, je n'ai pu y assister.
S'étant promené dans les bois, il rentre chez lui.

m'étant levé(e), je...	nous étant levé(e)s, nous
t'étant levé(e), tu...	vous étant levé(e)s, vous...
s'étant levé(e), il (elle)...	s'étant levé(e)s, ils (elles)...

Attention ! Ne confondez pas le participe passé actif avec le participe présent passif.

Etant parti pour Paris, je... [*actif*].
Etant vu par son père, il... [*passif*].

Joyeux Noël

Le soir du 24 décembre, veille de Noël, les Lemaître vont à la messe de minuit. Julien, malgré son jeune âge, y assiste aussi. Mais peut-il rester si longtemps assis, à écouter les cantiques et le murmure des prières ? Parfois la tête de Julien s'incline... « Ne dors pas ! » lui souffle sa sœur Simone.

Après avoir assisté à la messe, les Lemaître rentrent chez eux, en compagnie des Beaulieu, qu'ils ont invités à réveillonner. L'arbre de Noël, avec ses étoiles d'argent et ses bougies, resplendit dans la salle à manger. On savoure la dinde aux marrons et la bûche de Noël en chocolat; on boit le champagne.

A quoi Julien pense-t-il pendant ce temps ? Julien bâille; il a de plus en plus sommeil. Ayant mis ses souliers dans la cheminée, il va se coucher. Car il croit au père Noël, comme tous les petits Français. Et demain, il trouvera, près de ses souliers, de jolis jouets qu'il désire.

Au jour de l'an, c'est-à-dire le premier janvier, ce sont surtout les grandes personnes qui échangent des cadeaux, que l'on appelle étrenne. M. Lemaître a déjà acheté en secret un manteau de fourrure qu'il va offrir à sa femme. Mme Lemaître a trouvé pour son mari six magnifiques cravates, car M. Lemaître aime beaucoup les belles cravates, et il en change très souvent.

◆*Questionnaire*

1. Quand a lieu la messe de minuit?
2. Où les Lemaître vont-ils le soir du 24 décembre?
3. Julien assiste-t-il à la messe de minuit?
4. Que dit Simone à son frère quand la tête de celui-ci s'incline?
5. Que font les Lemaître après avoir assisté à la messe?
6. Que mangent-ils au réveillon?
7. Qu'y boivent-ils?
8. Que fait Julien avant de se coucher?
9. Quelle est en France la fête des grandes personnes?
10. Qu'appelle-t-on 《étrennes》?

◆ *Devoirs*

1 ***Transformez les phrases suivantes, en mettant aux endroits en italique les infinitifs présents.***

Ex: Je sais ma leçon, *j'en suis heureux.*

→Je suis heureux *de savoir ma leçon.*

1. Il faut *que l'on obéisse à ses parents.*
2. J'entends *qu'on parle.*
3. *Je ferai* le tour du monde, je *le* désire beaucoup.
4. *Avant le départ* (avant de...) vous viendrez me voir.
5. Il s'en va *et il ne dit pas un mot* (sans...)
6. Vous n'irez pas chez les Lemaître *si vous n'êtes pas invité.* (sans...).

2 ***Transformez en mettant aux endroits en italique les infinitifs passés ou participes passés.***

Ex: Après le bain, elle s'est étendue sur le sable.

→Après s'être baignée,
→S'étant baignée, } elle s'est etendue.

1. Après *une promenade* (se promener) je suis rentré.
2. Après *la bataille* (se battre), ils ont fait la paix
3. *Quand nous aurons fait* nos devoirs, nous sortirons.
4. Vous ne sortirez pas *si vous n'avez pas fait votre travail.* (sans)
5. *Je me suis levé tot,* j'en suis content.
6. Tu ne sortiras pas *si tu ne t'es pas baigné.* (sans).

3 ***Remplacez les endroits en italique par un infinitif.***

1. Le médecin a défendu *que le malade se lève.*
2. J'ai écrit à mon fournisseur *qu'il m'envoie* deux tonnes de charbon.
3. Mon frère craint *qu'il trouve* le temps long à la campagne.
4. A Verdun, en 1916, l'armée allemande croyait *qu'elle percerait* les lignes françaises.
5. L'artisan demande à son apprenti *qu'il prenne* soin de ses outils.
6. Pour *que nous puissions arriver* avant que le soleil se lève, nous partirons à minuit.

47e (*Quarante-septième*) LEÇON

◆ *Le subjonctif passé*

Je suis content qu'il **vienne** me voir maintenant.
Je suis content qu'il **soit venu** me voir hier.

Une action antérieure au moment présent.
Formation:

subjonctif présent de AVOIR ou ÊTRE+PARTICIPE PASSÉ

Etudier	*Aller*	*Avoir*
que j' aie étudié	que je sois allé	que j' aie eu
que tu aies étudié	que tu sois allé	qu' ils aient eu
qu' il ait étudié	qu' il soit allé	*être*
que nous ayons étudié	que nous soyons allés	que j' aie été
que vous ayez étudié	que vous soyez allés	qu' ils aient été
qu' ils aient étudié	qu' ils soient allés	

◆ *Ne explétif*

1) *Verbes de crainte:*
Je crains qu'il **ne** soit trop tard.
J'ai peur qu'il **ne** vienne.
Il porte le parapluie de crainte qu'il **ne** pleuve.

2) *Verbes de doute:* (*phrases négatives*)
Je ne doute pas qu'il **ne** réussisse.

3) *Après* **avant que, à moins que:**
Termine ton travail avant qu'il **n'**arrive.
Nous sortirons à moins qu'il **ne** pleuve.

Bien que Raymond soit allé plusieurs fois au cinéma ce mois-ci, il veut y aller ce soir car il y a un bon film américain.

Avant qu'il n'ait demandé à son père la permission d'y aller, il a invité son ami François et maintenant il craint que celui-là ne le veuille pas.

« Tu y vas trop souvent, » lui a déjà répété plusieurs fois M. Dulac qui n'aime guère pour son fils ce genre de récréation.

Il faut donc que Raymond lui demande, il ne peut pas y aller sans que celui-ci le lui ait permis et qu'il lui ait aussi donné de l'argent pour payer sa place et celle de François. Lui, Raymond n'a jamais d'argent bien que son père lui en donne souvent. Après quelque hésitation, il lui pose la question.

« Tu peux y aller avec ton ami, répond M. Dulac, pourvu que tu aies étudié tes leçons et que tu rentres de bonne heure mais tu n'y arriveras pas à l'heure à moins que tu ne te dépêches. »

C'est ce que Raymond fait quand il va chercher François. Les deux amis prennent les meilleurs places afin qu'ils puissent bien voir et bien entendre et ils passent quelques heures très agréables. Puis ils retournent à pied chez eux pensant encore au film qu'ils ont vu.

Raymond n'a jamais d'argent.

« Ne trouves-tu pas, Raymond, dit François, que les films américains sont supérieurs aux nôtres ? Quelle perfection de technique, quelle richesse ! »

« Oh oui, c'est vrai cela, répond Raymond. Cependant, il me semble que les nôtres ont quelque chose que les leurs n'ont pas. »

Et la discussion continue ainsi jusqu'à ce qu'ils se séparent.

◆ *Questionnaire*

1. Raymond est-il allé déjà plusieurs fois au cinéma?
2. Qu'est-ce qu'on donne au cinéma ce soir?
3. Qui Raymond a invité?
4. M. Dulac aime-t-il pour son fils ce genre de récréation?
5. Raymond peut-il aller au cinéma sans que son père le lui ait permis?
6. Raymond a-t-il toujours de l'argent?
7. Quelles places les deux amis prennent-ils?
8. Passent-ils des heures agréables?
9. Que pense François sur les films américains?
10. Raymond est-il de cet avis?

◆ *Devoirs*

1 ***Ecrivez les phrases suivantes en remplaçant « je crois » par « je regrette »:***

1. Je crois que tu as été en retard.
2. Je crois que vous n'avez pas compris.
3. Je crois qu'il n'est pas venu.
4. Je crois que nous nous sommes trompés.
5. Je crois qu'elle s'est levée trop tard.
6. Je crois qu'il l'a fait exprès.
7. Je crois que vous n'avez pas été gentil.
8. Je crois qu'ils sont partis hier.

2 ***Complétez les phrases à l'aide des verbes entre parenthèses au passé du subjonctif.***

1. (*comprendre*) Il regrette que nous n' ________ pas ________ ses explications.
2. (*faire*) Il est content que vous ________ vos devoirs.
3. (*finir*) J'attendrai jusqu'à ce qu'ils ________ leurs préparatifs.
4. (*sortir*) Je regrette que tu ________ par ce mauvais temps.
5. (*se blesser*) Je crains qu'elle ________ en tombant.
6. (*écrire*) Il ne doute pas que vous ________ hier.

3 ***Complétez en employant le présent de l'indicatif, le présent du subjonctif ou le futur, selon le cas.***

1. Je ne fais pas mes devoirs parce que je ne (*pouvoir*) ________ pas trouver mes livres.
2. Je fais mes devoirs, bien que je (*être*) ________ très fatigué.
3. Aussitôt qu'il (*recevoir*) ________ cette lettre, il y répondra.
4. Bien qu'il la (*recevoir*) ________ aujourd'hui, il n'y répondra pas avant demain.
5. Comme vous (*avoir*) ________ un gros rhume, il vaut mieux que vous restiez à la maison.
6. Elle sort ce soir, quoiqu'elle (*avoir*) ________ un gros rhume.
7. Il viendra à moins qu'il ne (*être*) ________ malade.
8. Dès qu'elle (*revenir*) ________, nous irons au théâtre.

48e (Quarante-huitième) LEÇON

◆ *Le passé simple*

Une action achevée qui s'est produite à un moment bien déterminé du passé.

Jeanne d'Arc, autrefois, *délivra* sa patrie.

N.B. Le passé simple disparaît de la langue parlée. C'est surtout un temps narratif.

Dans le récit:

a) ***L'imparfait prépare le décor:***

Je *voyageais, j'avais,* pour compagnon un jeune homme. Nos chevaux *marchaient.*

b) ***Dès que le récit commence, on utilise le passé simple:***

Or, un sentier qui nous *parut* plus court, nous *égara.*

◆ *La conjugaison du passé simple*

Etre		*Avoir*	
Je *fus*	Nous *fûmes*	J' *eus*	Nous *eûmes*
Tu *fus*	Vous *fûtes*	Tu *eus*	Vous *eûtes*
Il *fut*	Ils *furent*	Il *eut*	Ils *eurent*
Aimer		*Finir*	
J' aim*ai*	Nous aim*âmes*	Je fin*is*	Nous fin*îmes*
Tu aim*as*	Vous aim*âtes*	Tu fin*is*	Vous fin*îtes*
Il aim*a*	Ils aim*èrent*	Il fin*it*	Ils fin*irent*
Venir		*Boire*	
Je v*ins*	Nous v*înmes*	Je b*us*	Nous b*ûmes*
Tu v*ins*	Vous v*întes*	Tu b*us*	Vous b*ûtes*
Il v*int*	Ils v*inrent*	Il b*ut*	Ils b*urent*

La petite fille et son argent

Une petite fille entra un jour dans une banque. Elle n'avait pas d'argent à placer, elle voulait seulement visiter l'établissement. Les employés, amusés, appelèrent le directeur. Celui-ci arriva, sévère et grave, mais la petite fille répéta sa demande et le directeur pensa qu'elle avait sans doute un devoir à faire sur la banque. Une petite fille de dix ans qui cherche à se renseigner elle-même sur ce qu'elle doit savoir ou écrire, c'est très rare, et il fallait accorder à celle-là ce qu'elle voulait.

Le directeur la prit par la main et commença avec elle la visite complète de l'établissement. Ils allèrent d'abord dans les bureaux, ils allèrent ensuite dans les salles réservées au public, ils allèrent enfin dans les caves où l'on garde l'argent et les titres. Le directeur montra à la petite fille comment tout l'établissement est à l'abri du feu et du vol.

La petite fille était très contente; elle allait et venait, gaie, sérieuse, très intéressée. La visite terminée, elle remercia le complaisant directeur et lui dit:

« Mon père a placé ici pour moi cent francs; je suis bien contente de voir qu'ils sont bien gardés. »

être à l'abri de...

◆ *Questionnaire*

1) Où la jeune fille entra-t-elle un jour?
2) Est-ce qu'elle avait de l'argent à placer?
3) Qu'est-ce qu'elle voulait faire?
4) Qui les employés appelèrent-ils?
5) Que fit le directeur?
6) Où le directeur et la petite fille allèrent-ils d'abord?
7) Où alle èrent-ils ensuite?
8) Qu'est-ce qu'on garde dans les caves de la banque?
9) La petite fille était-elle contente?
10) Qu'est-ce qu'elle dit au directeur après la visite?

◆ *Devoirs*

1 *Mettez les verbes entre parenthèses au passé simple.*

1. Nous (*arriver*) ________ à Paris à 18 h. 40.
2. Quand j'avais dix ans, je (*perdre*) ________ ma mère.
3. Ils n' (*avoir*) ________ pas le temps de venir me voir.
4. Ils (*partir*) ________ de Séoul le 15 mars.
5. Ils lui (*dire*) ________ de rester à la maison.
6. Quelles (*être*) ________ les causes de l'accident?
7. Il (*commencer*) ________ à se plaindre.
8. Elles (*se mettre*) ________ à table.
9. La bataille du Marignan (*avoir*) ________ lieu en 1515.
10. Après le dîner, il (*faire*) ________ une promenade.
11. Ils (*aller*) ________ en France le mois dernier.
12. Napoléon (*perdre*) ________ cette bataille.
13. Ils (*prendre*) ________ le train du matin.
14. Elle ne (*vouloir*) ________ pas le faire.

2 ***Mettez les verbes au temps indiqué.***

Une nuit, Balzac *oublier* ________ (plus-que-parfait) de fermer sa porte. Il *être* ________ (imparfait) déjà couché, mais il ne *dormir* ________ (imparfait) pas. Voilà qu'un voleur *entrer* ________ (passé simple) dans la maison et ne voyant personne, *aller* ________ (passé simple) vers l'armoire, *l'ouvrir* ________ (passé simple) sans bruit et *se mettre* ________ (passé simple) à y chercher de l'argent... Mais soudain, le voleur *entendre* ________ (passé simple) un grand rire qui *partir* ________ (imparfait) du lit, et Balzac lui *dire* ________ (passé simple);

« Mon ami, vous *venir* ________ (présent) dans la nuit, sans lumière, chercher de l'argent dans des tiroirs où moi-même, quand le soleil *briller* ________ (présent) je n'en *trouver* ________ (passé composé) jamais. »

3 ***Mettez au passé simple les verbes entre parenthèses.***

Je (*travailler*) ______ bien tous l'hiver. Je (*être*) ______ présent à tous les cours et je (*écrire*) ______ tout les devoirs.

Enfin, le jour de l'examen (*arriver*) ______. Ce matin-là, je me (*lever*) ______ de bonne heure, je (*faire*) ______ ma toilette rapidement. J' (*arriver*) ______ avant huit heures à l'école. En route, je (*rencontrer*) ______ mon ami Pierre; il me (*demander*) ______ quelques explications. Nous (*entrer*) ______ dans la salle d'examen et nous (*aller*) ______ à notre place.

Au bout d'un quart d'heure, on nous (*donner*) ______ le sujet de la composition. Tous les élèves se (*mettre*) ______ au travail en silence. A onze heures juste, je (*finir*) ______ ma composition. Je la (*relire*) ______ un ou deux fois. Puis je (*remettre*) ______ ma feuille au professeur et je (*sortir*) ______ de la salle. Dans le corridor, mes camarades m' (*interroger*) ______ mais je (*rentrer*) ______ vite à la maison.

49e (*Quarante-neuvième*) LEÇON

◆ Le passé antérieur

Dès qu'on **eut frappé** à la porte, l'enfant le **réveilla.**

: Dans une phrase contenant un passé simple, une action antérieure a celle du passé simple.

N.B. La proposition contenant le passé antérieur doit être subordonnée, en général, par l'une des conjonctions suivantes:

quand, lorsque, après que, dès que, aussiôt que.

◆ La formation du passé antérieur

Passé simple de l'auxiliaire+participe passé

Parler	*Aller*
Dès que j' *eus parlé*	Quand je *fus allé*
Dès que tu *eus parlé*	Quand tu *fus allé*
Dès qu' il *eut parlé*	Quand il *fut allé*
Dès que nous *eûmes parlé*	Quand nous *fûmes allés*
Dès que vous *eûtes parlé*	Quand vous *fûtes allés*
Dès qu' ils *eurent parlé*	Quand ils *furent allés*

Avoir		*Être*	
J' *eus eu*	Nous *eûmes eu*	J' *eus été*	Nous *eûmes été*
Tu *eus eu*	Vous *eûtes eu*	Tu *eus été*	Vous *êutes été*
Il *eut eu*	Ils *eurent eu*	Il *eut été*	Ils *eurent été*

Un accident de chemin de fer

Comme Mme Duval lit le journal en prenant son café ce matin, elle pousse un cri de surprise. « Comme c'est épouvantable ! » dit-elle, et sans que son mari ait eu le temps de lui poser une question, elle continue: « Tu ne sais pas ce qui est arrivé ici hier soir ! Un accident de chemin de fer. Le rapide Vintimille-Paris, que nous avons pris il y a quelques mois, à notre retour de Cannes, a téléscopé un train de marchandises. » et elle commence à lire le récit suivant:

« Un accident qui aurait pu être des plus graves est arrivé hier soir, le 20 avril, dans la banlieue de Paris, près de la gare de Plaisance. Un train de marchandises qui comptait huit wagons venant de Goussainville se dirigeait vers Paris. Vers 22 h. 42, il traversait la petite ville de Plaisance quand tout à coup le rapide Vintimille-Paris qui allait à plus de 90 kilomètres à l'heure vint se jeter sur lui. Le choc fut très violent. Des glaces se brisèrent tandis que des cris montaient des wagons qui heureusement avaient résisté au choc. On apporta tout de suite du secours aux blessés qui furent transportés sur le quai et à la gare de l'endroit. Après qu'on eut donné à ceux-ci les premiers soins, on compta 25 blessés dont 5 ont été transportés à l'hôpital. On se demande quelles furent les causes de l'accident. Cependant, d'après ce que dit plus tard le mécanicien du train Vintimille-Paris, il semblerait qu'un des signaux n'ait pas fonctionné. Le trafic fut interrompu sur la ligne pendant plus de quatre heures. »

◆ *Questionnaire*

1) Que fait Mme Duval en prenant son café ce matin?
2) Que dit-elle à son mari?
3) Est-ce que celui-ci a le temps de lui répondre?
4) Qu'est ce qu'un train rapide?
5) Quand la famille Duval a-t-elle pris ce train?
6) Où l'accident est-il arrivé?
7) Quelle sorte de train traversait la ville de plaisance?
8) D'où venait-il?
9) Vers quelle ville se dirigeait-il?
10) A quelle vitesse allait le rapide Vintimille?
11) Racontez l'accident.
12) Où les blessés furent-ils transportés?
13) Sait-on quelles furent les causes de l'accident?
14) Combien de temps le trafic fut-il interrompu?

◆ *Devoirs*

1 ***Mettez le verbe de la principale au passé simple et celui de la subordonnée au passé antérieur.***

1. Lorsque le professeur *finir* sa leçon, il *se rendre* au laboratoire.
2. Après qu'il *écrire* sa lettre, il l'*envoyer* à la poste.
3. Il *se mettre* à jouer dès qu'il *manger*.
4. Notre père nous *appeler* lorsque nous *revenir* à la maison.
5. Quand le pêcheur *prendre* assez de poisson, il *aller* en ville pour le vendre.
6. Quand une voiture *partir*, une autre *arriver*.

2 ***Mettez les verbes entre parenthèses au temps convenable.***

1. A peine Mme Duval sortit hier qu'une de ses amies la (*demander*) ________ au téléphone.
2. Dès que nous finîmes notre travail, nous (*sortir*) ________ faire une promenade.

3. Lorsque le professeur (*finir*) ________ son cours, les étudiants se mirent à l'applaudir.
4. Dès que l'incendie (*être signalé*) ______, les pompiers accoururent sur le lieu du sinistre.
5. Dès qu'on m'eut donné un livre, je (*commencer*) ________ à lire.
6. Aussitôt qu'il (*rencontrer*) _______ son ami Monsieur Duval entra en conversation avec lui.

3 ***Ecrivez au passé simple les infinitifs qui se trouvent entre parenthèses.***

Charles I, qui (*être*) ______ le plus grand roi du Moyen Age, (*vivre*) ______ au huitième siècle. Il (*naître*) ______ en 742. Il (*succéder*) ______ à son père, Pépin le Bref en 768 et (*régner*) ______ jusqu'à sa mort. Parce qu'il (*réaliser*) _____ tant de choses, on l' (*appeler*) Charles le Grand, ou Charlemagne. Pendant son règne il (*faire*) ________ plusieurs guerres. Il se (*battre*) ________ victorieusement contre les Arabes, les Aquitains, les Lombards et beaucoup d'autres peuples. Il (*organiser*) _______ son empire sur le modèle de l'empire romain. Il (*réformer*) ________ la justice. Protecteur des lettres, il (*encourager*) ______ les écrivains et les étudiants. Il (*faire*) ______ de grands efforts pour unir toutes les races diverses de son empire. Il (*mourir*) ________ en 814 à l'âge de soixante-douze ans.

◆ Expressions utiles

Si l'on n'a pas compris quelque chose dans une conversation, que dit-on ?

Vous dites, monsieur (madame, etc.) ?
Plaît-il ?
Pardon ?
Comment ? (*style familier*)

50e (*Cinquantième*) *LEÇON*

◆ Le subjonctif imparfait

Hier, je craignais que le train n'*eût* du retard.

Formation:

verbe AVOIR	*verbe ÊTRE*	*verbe AIMER*
que j' eu*sse*	que je fu*sse*	que j'aima*sse*
que tu eu*sses*	que tu fu*sses*	que tu aima*sses*
qu' il *eût*	qu' il f*ût*	qu' il aim*ât*
que nous eu*ssions*	que nous fu*ssions*	que nous aima*ssions*
que vous eu*ssiez*	que vous fu*ssiez*	que vous aima*ssiez*
qu' ils eu*ssent*	qu' ils fu*ssent*	qu' ils aima*ssent*

Pour tous les verbes, prenez la 2e personne du passé simple et remplacez —s par —sses: que tu finisses, que tu vinsses, etc...

N.B. L'imparfait du subjonctif est une forme de *la langue littéraire.* Dans la conversation, on le remplace par le présent du subjonctif.

◆ Le subjonctif plus-que-parfait

Hier, je craignais que le train n'*eût eu* du retard avant-hier.

Formation :

Subjonctif imparfait de l'auxiliaire + participe passé

verbe ALLER	*verbe SE LEVER*
que je fusse allé	que je me fusse levé
que tu fusses allé	que tu te fusses levé
qu' il fût allé	qu' il se fût levé
que nous fussions allés	que nous nous fussions levés
que vous fussiez allés	que vous vous fussiez levés
qu' ils fussent allés	qu' ils se fussent levés

◆ *La concordance des temps*

① ***Les propositions subordonnées à l'indicatif***

Je crois maintenant { qu'il *fait* beau. (maintenant) / qu'il *fera* beau demain. / qu'il *a fait* beau hier.

Je croyais hier { qu'il *faisait* beau. (hier) / qu'il *ferait* beau aujourd'hui. / qu'il *avait fait* beau avant-hier.

{ Après que l'enfant *eut dîné,* on le *coucha.* (français écrit)
Après que l'enfant *a eut dîné,* on l'*a couché.* (français parlé)

Après que l'enfant *avait dîné,* on le *couchait.* (habitude)

② ***Les propositions subordonnées au subjonctif***

Je doute maintenant { qu'il *fasse* beau. (maintenant) / qu'il *fasse* beau demain. / qu'il *ait fait* beau hier.

Je doutais hier {
- qu'il *fît* beau. (hier) / qu'il *fît* beau aujourd'hui. / qu'il *eût fait* beau avant-hier. } (français écrit)
- qu'il *fasse* beau. (hier) / qu'il *fasse* beau aujourd'hiu. / qu'il *a fait* beau avant-hier. } (français parlé)

La pénitence

— Tu es le bien venu dans nos tabernacles de paix, vénérable père, car sans doute tu viens bénir la sainte que tu nous avais donnée. Tu sais que Dieu, dans sa clémence, l'appelle à lui; et comment ne saurais-tu pas une nouvelle que les anges ont portée de désert en désert? Il est vrai, Thaïs touche à sa fin bienheureuse. Ses travaux sont accomplis, et je dois t'instruire en peu de mots de la conduite qu'elle a tenue parmi nous. Après ton départ, comme elle était enfermée dans la cellule marquée de ton sceau, je lui envoyai avec sa nourriture une flûte semblable à celles dont jouent aux festins les filles de sa profession. Ce que je faisais était pour qu'elle ne tombât pas dans la mélancolie et pour qu'elle n'eût pas moins de grâce et de talent devant Dieu qu'elle n'en avait montré au regard des hommes. Je n'avais pas agi sans prudence; car Thaïs célébrait tout le jour sur la flûte les louanges du Seigneur et les vierges qu'attiraient les sons de cette flûte invisible disaient: « Nous entendons le rossignol des bocages célestes, le cygne mourant de Jésus crucifié. » C'est ainsi que Thaïs accomplissait sa pénitence, quand, après soixante jours, la porte que tu avais scellée s'ouvrit d'elle-même et le sceau d'argile se rompit sans qu'aucune main humaine l'eût touché. A ce signe je reconnus que l'épreuve que tu savais imposée devait cesser et que Dieu pardonnait les péchés de la joueuse de flûte. Dès lors, elle partagea la vie de mes filles, travaillant et priant avec elles. Elle les édifiait par la modestie de ses gestes et de ses paroles et elle semblait parmi elles la statue de la pudeur.

Anatole France: *Thaïs*

◈ *Questionnaire*

1. Où vint le père?
2. Pourquoi?
3. Qui est-ce qui touche à sa fin bienheureuse?
4. Les travaux de Thaïs sont-ils accompis?
5. Qu'est-ce que le narrateur fit après le départ du vénérable père?
6. Qu'est-ce que Thaïs faisait tout le jour?
7. Que disaient les anges?
8. Qu'arriva-t-il à Thaïs après soixante jours de pénitence?

9. Qu'est-ce que le narrateur reconnut?
10. Qu'est-ce que Thaïs fit dès lors?

◆ Devoirs

1 ***Ecrivez les phrases suivantes en mettant le 1er verbe à un temps passé. Il faudra changer aussi le temps du 2e verbe.***

1. Il est fâcheux que tu aies été occupé par ton travail.
2. Je regrette que vous n'ayez pu assister à ce concert.
3. Il est dommage que le public ait été si bruyant.
4. Nous ne partirons pas avant que Joseph ait fini son travail.
5. Je doute qu'on ait jamais écrit un roman plus amusant que celui-là.
6. J'attends que le procureur ait prononcé son réquisitoire.

2 ***Ecrivez les phrases suivantes en remplaçant* je savais *par* je regrettais. *Le 2e verbe sera au subjonctif dans chaque phrase.***

1. Je savais que l'orage avait retardé le train.
2. Je savais que vous aviez conduit votre ami à Versailles.
3. Je savais que tu avais été en retard la veille.
4. Je savais que Jeanne n'était pas venue.
5. Je savais que le train était parti en retard.
6. Je savais qu'ils ont mal fait leur travail.
7. Je savais que Catherine avait été réveillée.
8. Je savais que vous étiez trompé.
9. Je savais que Julien s'était endormi.
10. Je savait que l'avion avait été retardé par l'orage.

3 ***Mettez les verbes en italique au plus-que-parfait du subjonctif.***

1. M. Duval voulait qu'elle *dresser* ________ la table.
2. Elle voulait que son fils *fermer* ________ la porte.
3. Vos parents voulaient que vous *protéger* ________ les faibles.
4. Nous avons attendu qu'il *terminer* ________ sa tâche.
5. Il a fallu que tu *arracher* ________ les mauvaises herbes.
6. Nous avons attendu qu'il *mettre* ______ le dossier dans le tiroir.

◆◆◆ *Textes complémentaires* ◆◆◆

La mode

Récemment Madame Martin a fait un voyage à Paris. Elle y est restée huit jours. Pendant son séjour dans cette belle ville, elle a visité des monuments historiques tels que l'Arc de Triomphe, les Invalides et le Louvre. Elle est allée aux courses de Longchamp. Elle a assisté aux concerts et aux représentations théâtrales.

Mais pour elle, comme pour la plupart des femmes, le charme de Paris ne provenait ni de son histoire ni de sa vie intellectuelle. Ce qui l'intéressait le plus c'étaient les salons des grands couturiers.

Madame Martin a visité les maisons célèbres de la place Vendôme, la rue de la Paix et la rue Royale. Puisque c'était l'époque des salons elle a vu dans chaque maison le défilé des mannequins, qui montraient les dernières créations de la mode.

— Comment trouvez-vous ce petit modèle bleu ? demanda la vendeuse à Madame Martin, en lui montrant un beau manteau.

— Il est élégant, répondit Madame Martin, mais je préfère le gris que porte cette jeune fille aux cheveux noirs.

— Oui en effet, dit la vendeuse, ce modèle-là est ravissant.

Après avoir choisi le modèle, le tissu et les boutons, Madame Martin a laissé la commande. Elle a trouvé le prix très élevé; mais comme elle ne voulait pas acheter un manteau de confection, elle s'est résignée à payer cette somme astronomique.

— Vous ne le regretterez pas, madame, lui dit la vendeuse. Après tout ce n'est pas un manteau tout fait que vous achetez; c'est plutôt une œuvre d'art.

Paris, la capitale de la mode, est bien entendu le paradis des femmes. Quelles sont les personnes qui créent ce paradis? Il y a d'abord le couturier qui fait les modèles, suivant les principes du bon goût et de l'élégance. Ces modèles sont exécutés ensuite dans les ateliers par les ouvrières parisiennes appelées familièrement « midinettes. »

A midi les ouvrières quittent leurs ateliers pour aller déjeuner. De ce fait vient le mot "midinette". Les rues débordent de ces créatures joyeuses, qui rient et qui s'amusent, malgré leur vie dure. Elles gagnent avec difficulté leur pain quotidien, mais elles sont toujours gaies et gracieuses. C'est Sainte Catherine, la patronne des vieilles filles qui veille sur elles. Le jour de la fête de Sainte Catherine, les midinettes choisissent une reine qu'elles escortent ensuite à travers les rues de Paris.

La cuisine française

Depuis longtemps, la cuisine française jouit d'un renom universel. Pour les Français la bonne cuisine n'est pas simplement une nécessité; c'est un art auquel ils se livrent avec enthousiasme.

En France chaque région a sa spécialité alimentaire. Le Périgord est célèbre par les truffes, une espèce de plante qui ressemble un peu au champignon; l'Alsace, par le pâté de foie gras, une viande hachée et épicée; Roquefort, par un fromage délicieux du même nom.

Depuis l'époque romaine, on fait du fromage dans la région de Roquefort. Au Moyen Age on a découvert le fromage que nous appelons aujourd'hui le roquefort. Voici comment cela est arrivé:

Un berger laisse son pain et son fromage dans une caverne. Quand il revient les prendre, le pain est moisi, mais le fromage a bien meilleur goût. C'est le premier roquefort que mange le berger et il le trouve bon. Depuis ce temps-là les Français se servent de caves pour faire ce fromage estimé. Le procédé est toujours le même: on ajoute du pain moisi au lait de brebis et on laisse le fromage dans une de ces caves jusqu'à ce qu'il soit prêt à manger.

En Alsace et dans le Languedoc on élève beaucoup d'oies. C'est du foie de cette volaille qu'on fait le célèbre pâté auquel on ajoute souvent des truffes. Comme la truffe pousse sous terre, elle est difficile à trouver et sans les porcs (dressés spécialement pour ce travail) qui peuvent la sentir, elle resterait probablement introuvable. Dès que le porc commence à déterrer la truffe, son maître la lui enlève. Les truffes poussent en Italie et en Angleterre, mais c'est surtout sous les chênes du Périgord qu'on les trouve.

En dehors du grand nombre de produits alimentaires, tels que les fromages variés, les bons vins, les fruits délicieux, il y a en France toutes de plats régionaux. Parmi ceux-ci, il faut citer le clafouti limousin, un dessert fait avec des cerises; la bouillabaisse de Marseille, une soupe au poisson; et le cassoulet de Casterlnaudary.

Mais qu'est-ce que c'est que ce fameux cassoulet et d'où vient-il? Quelques-uns disent que ce plat remonte à l'époque de la guerre de Cent ans. Les Français de Castelnaudary, assiégés par les Anglais, manquaient de ravitaillement. Pour nourrir leur armée, les habitants donnèrent ce qui leur restait comme vivres et l'on en fit un ragoût, le premier cassoulet. Aujourd'hui les éléments principaux de ce plat sont les haricots blancs, l'oie, les tomates et les petites saucisses.

La France est vraiment le pays de cocagne. Grâce à ses terres fertiles, grâce à un climat favorable, elle produit tout ce qui est nêcessaire pour encourager l'art culinaire. Mais la France n'est pas seulement un pays d'abondance; c'est un pays où le cuisinier est un véritable artiste.

TEXTES LITTERAIRES

Zadig et les femmes

Voltaire

Du temps du roi Moabdar il y avait à Babylone[1] un jeune homme nommé Zadig, né avec un beau naturel[2] fortifié par l'éducation. Quoique riche et jeune, il savait modérer ses passions; il n'affectait rien; il ne voulait point toujours avoir raison, et savait respecter la faiblesse des hommes. Zadig, avec de grandes richesses, et par conséquent avec des amis, ayant de la santé, une figure aimable, un esprit juste et modéré, un cœur sincère et noble, crut qu'il pouvait être heureux. Il devait se marier à Sémire, que sa beauté, sa naissance et sa fortune rendaient le premier parti[3] de Babylone. Il avait pour elle un attachement solide et vertueux, et Sémire l'aimait avec passion.

Ils touchaient au moment fortuné qui allait les unir, lorsque, se promenant ensemble vers une porte de Babylone sous les palmiers qui ornaient les rivages de l'Euphrate, ils virent venir à eux des hommes armés de sabres et de flèches. C'étaient des satellites du jeune Orcan, neveu d'un ministre, à qui les courtisans de son oncle avaient fait accroire que tout lui était permis. Il n'avait aucune des grâces ni des vertus de Zadig; mais, croyant valoir beaucoup mieux, il était désespéré de n'être pas préféré. Cette jalousie, qui ne venait que de sa vanité, lui fit penser qu'il aimait éperdument

1. **Baylone** : Euphrate 강에 면한 고대 Chaldée의 수도. 비유적으로, 특히 18세기에서, Rome이나 Paris의 나쁜 면을 나타내는데 쓰인다.
2. **un beau naturel** : 훌륭한 천성
3. **le premier parti** : 으뜸가는 결혼상대, 혼처

Sémire...... Les ravisseurs la saisirent; et dans les emportements de leur violence ils la blessèrent, et firent couler le sang d'une personne dont la vue aurait attendri les tigres du mont Imaüs[4].

Elle perçait le ciel de ses plaintes. Elle s'écriait: Mon cher époux ! on m'arrache à ce que j'adore. Elle n'était pas occupée de son danger; elle ne pensait qu'à son cher Zadig. Celui-ci, dans le même temps, la défendait avec toute la force que donnent la valeur et l'amour. Aidé seulement de deux esclaves, il mit les ravisseurs en fuite et ramena chez elle Sémire, évanouie et sanglante, qui en ouvrant les yeux vit son libérateur. Elle lui dit: O Zadig ! je vous aimais comme mon époux, je vous aime comme celui à qui je dois l'honneur et la vie.

Jamais il n'y eut un cœur plus pénétré[5] que celui de Sémire; jamais bouche plus ravissante n'exprima des sentiments plus touchants par ces paroles de feu qu'inspirent le sentiment du plus grand des bienfaits et le transport le plus tendre de l'amour le plus légitime. Sa blessure était légère; elle guérit bientôt. Zadig était blessé plus dangereusement; un coup de flèche reçu près de l'œil lui avait fait une plaie profonde. Sémire ne demandait aux dieux que la guérison de son amant. Ses yeux étaient nuit et jour baignés de larmes; elle attendait le moment où ceux de Zadig pourraient jouir de ses regards; mais un abcès survenu à l'œil blessé fit tout craindre.

On envoya jusqu'à Memphis[6] chercher le grand médecin Hermès, qui vint avec un nombreux cortège. Il visita le

4. **mont Imaüs:** Himalaya 산맥의 한 산 이름
5. **pénétré**=touché. 감동한
6. **Memphis** : Égypte 의 도시

malade, et déclara qu'il perdrait l'œil; il prédit même le jour et l'heure où ce funeste accident devait arriver. Si c'eût été l'œil droit, dit-il, je l'aurais guéri; mais les plaies de l'œil gauche sont incurables. Tout Babylone en plaignant la destinée de Zadig, admira la profondeur de la science de Hermès. Deux jours après l'abcès perça de lui-même[7], Zadig fut guéri parfaitement. Hermès écrivit un livre où il lui prouva qu'il n'avait pas dû guérir. Zadig ne le lut point, mais, dès qu'il put sortir, il se prépara à rendre visite à celle qui faisait l'espérance du bonheur de sa vie, et pour qui seule il voulait avoir des yeux.

Sémire était à la campagne depuis trois jours. Il apprit en chemin que cette belle dame, ayant déclaré hautement qu'elle avait une aversion insurmontable pour les borgnes, venait de se marier à Orcan la nuit même. A cette nouvelle il tomba sans connaissance; sa douleur le mit au bord du tombeau; il fut longtemps malade; mais enfin la raison l'emporta sur son affliction, et l'atrocité de ce qu'il éprouvait servit même à le consoler.

— Puisque j'ai essuyé, dit-il, un si cruel caprice d'une fille élevée à la cour, il faut que j'épouse une citoyenne[8]. Il choisit Azora, la plus sage et la mieux née de la ville; il l'épousa et vécut un mois avec elle dans les douceurs de l'union la plus tendre. Seulement il remarquait en elle un peu de légèreté, et beaucoup de penchant à trouver toujours que les jeunes gens les mieux faits[9] étaient ceux qui avaient le plus d'esprit et de vertu.

Un jour Azora revint d'une promenade, tout en colère et

---

7. **perça de lui-même**: 저절로 터졌다
8. **une citoyenne**: 평민 여자. noble과 구별하기 위하여 쓴 말
9. **les jeunes gens les mieux faits**: 가장 잘 생긴 청년들

faisant de grandes exclamations. —Qu'avez-vous, lui dit-il, ma chère épouse ? qui peut vous mettre anisi hors de vous-même ? —Hélas ! dit-elle, vous seriez indigné comme moi, si vous aviez vu le spectacle dont je viens d'être témoin. J'ai été consoler la jeune veuve Cosrou, qui vient d'élever, depuis deux jours, un tombeau à son jeune époux auprès du ruisseau qui borde cette prairie. Elle a promis aux dieux dans sa douleur de demeurer auprès de ce tombeau tant que l'eau de ce ruisseau coulerait auprès. —Eh bien ! dit Zadig, voilà une femme estimable qui aimait véritablement son mari ! — Ah ! reprit Azora, si vous saviez à quoi elle s'occupait quand je lui ai rendu visite ! — A quoi donc, belle Azora ? — Elle faisait détourner le ruisseau. Azora se répandit en invectives si longues, éclata en reproches si violents contre la jeune veuve, que ce faste de vertu ne plut pas à Zadig.

Il avait un ami nommé Cador, qui était un de ces jeunes gens à qui sa femme trouvait plus de probité et de mérite qu'aux autres; il le mit dans sa confidence, et s'assura, autant qu'il le pouvait, de sa fidélité par un présent considérable. Azora, ayant passé deux jours chez une de ses amies à la campagne, revint le troisième jour à la maison. Des domestiques en pleurs lui annoncèrent que son mari était mort subitement, la nuit même, qu'on n'avait pas osé lui porter cette funeste nouvelle, et qu'on venait d'ensevelir Zadig dans le tombeau de ses pères, au bout du jardin. Elle pleura, s'arracha les cheveux, et jura de mourir. Le soir, Cador lui demanda la permission de lui parler, et ils pleurèrent tous deux. Le lendemain, ils pleurèrent moins et dînèrent ensemble. Cador lui confia que son ami lui avait laissé la plus grande partie de son bien[10], et lui fit entendre[11] qu'il mettrait son bonheur à partager sa fortune avec elle. La dame pleura, se fâcha, s'adoucit; le souper fut plus long que le dîner; on se parla avec plus de confiance. Azora fit l'éloge du défunt; mais elle avoua qu'il avait des défauts dont Cador était exempt.

Au milieu du souper, Cador se plaignit d'un mal de rate violent; la dame, inquiète et empressée, fit apporter toutes les essences dont elle se parfumait, pour essayer s'il n'y en avait pas quelqu'une qui fût bonne pour le mal de rate; elle regretta beaucoup que le grand Hermès ne fût pas encore à Babylone. — Etes-vous sujet à cette cruelle maladie? lui dit-elle avec compassion. — Elle me met quelquefois au bord du tombeau, lui répondit Cador, et il n'y a qu'un seul remède qui puisse me soulager; c'est de m'appliquer sur le côté le nez d'un homme qui soit mort la veille. — Voilà un étrange remède, dit Azora. — Pas plus étrange, répondit-il, que les sachets du sieur Arnoult[12] contre l'apoplexie. Cette raison, jointe à l'extrême mérite du jeune homme, détermina enfin la dame. — Après tout, dit-elle, quand mon mari passera du monde d'hier dans le monde du lendemain sur le pont Tchinavar, l'ange Asrael lui accordera-t-il moins le passage parce que son nez sera un peu moins long dans la seconde vie que dans la première? Elle prit donc un rasoir; elle alla au tombeau de son époux, l'arrosa de ses larmes, et s'approcha pour couper le nez à Zadig, qu'elle trouva tout étendu dans la tombe. Zadig se relève en tenant son nez d'une main, et arrêtant le rasoir de l'autre. — Madame,

10. **son bien** : 그의 재산
11. **lui fit entendre** : …에게 이야기해 주었다, …에게 알려 주었다
12. **Arnoult** : Voltaire의 동시대인으로서 그가 비판하고져하는 사람

lui dit-il, ne criez pas tant contre la jeune Cosrou; le projet de me couper le nez vaut bien celui de détourner un ruisseau.

Zadig éprouva que le premier mois du mariage, comme il est écrit dans le livre du Zend[13], est la lune de miel, et que le second est la lune de l'absinthe[14].

Il fut quelque temps après obligé de répudier Azora qui était devenue trop difficile à vivre, et il chercha le bonheur dans l'étude de la nature. « Rien n'est plus heureux, disait-il, qu'un philosophe qui lit dans ce grand livre que Dieu a mis sous nos yeux. Les vérités qu'il découvre sont à lui; il nourrit et il élève son âme; il vit tranquille; il ne craint rien des hommes, et sa tendre épouse ne vient point lui couper le nez.» (*Zadig est nommé le premier ministre du roi Moabdar et tombe amoureux de la reine Astarté; le roi décide de faire tuer la reine et Zadig. Celui-ci se réfugie en Égypte.*)

Comme il se livrait à ce flux de philosophie sublime, il avançait vers les frontières de l'Égypte et déjà son domestique fidèle lui cherchait un logement. Zadig cependant se promenait vers les jardins qui bordaient le village. Zadig vit, non loin du grand chemin, une femme éplorée qui appelait le ciel et la terre à son secours, et un homme furieux qui la suivait. Elle était déjà atteinte par lui, elle embrassait ses genoux. Cet homme l'accablait de coups et de reproches. Il jugea, à la violence de l'Égyptien et au pardon réitéré que lui demandait la dame, que l'un était jaloux et l'autre une infidèle; mais, quand il eut considéré cette femme, qui était d'une beauté touchante, et qui même ressemblait un peu à la malheureuse Astarté, il se sentit pénétré de compassion pour elle et d'horreur pour l'Égyp-

13. **le livre du Zend** : 페르샤의 Zoroastre가 쓴 성서
14. **absinthe** : 쓴 쑥

tien. — Secourez-moi, s'écria-t-elle à Zadig avec des sanglots; tirez-moi des mains du plus barbare des hommes, sauvez-moi la vie.

A ces cris Zadig courut se jeter entre elle et ce barbare. Il avait quelque connaissance de la langue égyptienne. Il lui dit en cette langue: Si vous avez quelque humanité, je vous conjure de respecter la beauté et la faiblesse. Pouvez-vous outrager ainsi un chef-d'œuvre de la nature, qui est à vos pieds, et qui n'a pour sa défense que des larmes? — Ah! lui dit cet emporté, tu l'aimes donc aussi! et c'est de toi qu'il faut que je me venge. En disant ces paroles, il laisse la dame, qu'il tenait d'une main par les cheveux, et prenant sa lance, il veut en percer l'étranger. Celui-ci qui était de sang-froid, évita aisément le coup d'un furieux. Il se saisit de la lance près du fer dont elle est armée. L'un veut la retirer, l'autre l'arracher. Elle se brise entre leurs mains. L'Égyptien tire son épée; Zadig s'arme de la sienne. Ils s'attaquent l'un l'autre. Celui-là porte cent coups précipités; celui-ci les pare avec adresse. La dame, assise sur un gazon, rajuste sa coiffure et les regarde.

L'Égyptien était plus robuste que son adversaire; Zadig était plus adroit. Celui-ci se battait en homme dont la tête conduisait le bras et celui-là comme un emporté dont une colère aveugle guidait les mouvements au hasard. Zadig passe à lui et le désarme; et tandis que l'Égyptien devenu plus furieux veut se jeter sur lui, il le saisit, le presse, le fait tomber en lui tenant l'épée sur la poitrine; il lui offre de lui donner la vie. L'Égyptien hors de lui tire son poignard; il en blesse Zadig dans le temps même que le vainqueur lui pardonnait. Zadig indigné lui plonge son épée dans le sein.

L'Égyptien jette un cri horrible, et meurt en se débattant.

Zadig s'avance alors vers la dame, et lui dit d'une voix soumise: Il m'a forcé de le tuer; je vous ai vengée; vous êtes délivrée de l'homme le plus violent que j'aie jamais vu. Que voulez-vous maintenant de moi, madame? — Que tu meures, scélérat, lui répondit-elle, que tu meures; tu as tué mon amant, je voudrais pouvoir déchirer ton cœur. — En vérité, madame, vous aviez là un étrange homme pour amant, lui répondit Zadig; il vous battait de toutes ses forces, et il voulait m'arracher la vie parce que vous m'avez conjuré de vous secourir. — Je voudrais qu'il me battît encore, reprit la dame en poussant des cris. Je le méritais bien, je lui avais donné de la jalousie. Plût au ciel[15] qu'il me battît et que tu fusses à sa place! Zadig, plus surpris et plus en colère qu'il ne l'avait été de sa vie, lui dit: Madame, toute belle que vous êtes[16], vous mériteriez que je vous battisse à mon tour, tant vous êtes extravagante[17]; mais je n'en prendrai pas la peine. Là-dessus, il remonta sur son chameau et avança vers le bourg.

A peine avait-il fait quelques pas qu'il se retourne au bruit que faisaient quatre courriers de Babylone. Ils venaient à toute bride. L'un d'eux, en voyant cette femme, s'écria: C'est elle-même; elle ressemble au portrait qu'on nous en a fait. Ils ne s'embarrassèrent pas du mort, et se saisirent incontinent de la dame. Elle ne cessait de crier à Zadig: Secourez-moi encore une fois, étranger généreux; je vous demande pardon de m'être plainte de vous: secourez-moi, et je suis à vous jusqu'au tombeau. L'envie avait passé à

---

15. **Plût au ciel que**+*subjonctif* : …하면 좋겠다 「indicatatif: 양보절
16. **toute belle que vous êtes** : 당신은 매우 아름답지만 tout+형용사+que+
17. **extravgante**=absurde, bizarre

Zadig[18] de se battre désormais pour elle. — A d'autres, répondit-il, vous ne m'y attraperez plus. Il s'avance en hâte vers le village, n'imaginant pas pourquoi quatre courriers de Babylone venaient prendre cette Égyptienne, mais encore plus étonné du caractère de cette dame.

◆ *Questionnaire*

1) Où Zadig était-il né?
2) Etait-il riche?
3) A qui devait-il se marier?
4) Quelle sorte d'homme était Orcan?
5) Aimait-il Sémire aussi?
6) Comment Sémire fut-elle blessée? Pour quels motifs fut-elle blessée?
7) Comment Zadig fut-il blessé?
8) Pourquoi Sémire épouse-t-elle Orcan?
9) Quand Zadig eut épousé Azora, que remarqua-t-il en elle?
10) Qu'est-ce que la veuve Cosrou a promis aux dieux?
11) Comment s'est-elle affranchie de sa promesse?
12) Qui était Cador? Avec qui dîna-t-il?
13) Que fit Azora pour le guérir?
14) Où Zadig cherche-t-il le bonheur?
15) Quelle récompense reçoit Zadig pour défendre la femme?
16) A-t-il raison d'être fâché?
17) Quelle leçon nous présente Zadig?

◆ *Devoirs*

Indiquez le temps du verbe entre parenthèses et expliquez la raison de ce temps.

1. Il faut que je m'en (aille).
2. Vous (auriez été indigné) si vous (aviez vu) le spectacle.
3. Y avait-il un remède qui (fût) bon pour le mal de rate?
4. Il n'y a qu'un remède qui (puisse) me soulager.
5. Ne vous (préoccupez) pas de cela; (parlez-lui) demain.

---

18. **L'envie...à Zadig :** Zadig는…하려는 마음이 싹 가셨다

Le parapluie

Guy de Maupassant

Mme Oreille était économe. Elle savait la valeur d'un sou et possédait un arsenál de principes sévères sur la multiplication de l'argent. Sa bonne, assurément, avait grand-peine à faire danser l'anse du panier[1]; et M. Oreille n'obtenait sa monnaie de poche qu'avec une extrême difficulté. Ils étaient à leur aise[2] pourtant, et sans enfants; mais Mme Oreille éprouvait une vraie douleur à voir les pièces blanches[3] sortir de chez elle. C'était comme une déchirure pour son cœur et, chaque fois qu'il lui avait fallu faire une dépense de quelque importance[4], bien qu'indispensable, elle dormait mal la nuit suivante.

Oreille répétait sans cesse à sa femme:

— Tu devrais avoir la main plus large[5], puisque nous ne mangeons jamais nos revenus[6].

Elle répondait:

— On ne sait jamais ce qui peut arriver. Il vaut mieux avoir plus que moins.

C'était une petite femme de quarante ans, vive, ridée, propre et souvent irritée.

Son mari à tout moment se plaignait des privations qu'elle lui faisait endurer. Il en était certaines qui lui devenaient

1. **faire danser l'anse du panier** : 장보는 돈을 속여 떼어먹다
2. **Ils étaient à leur aise** : 그들은 유복했다
3. **les pièces blanches** : 은화 「적마다.
4. **chaque fois qu'il lui avait fallu...importance** : 상당한 금액을 지출해야 했을
5. **avoir la main plus large**=être plus généreuse 「쓰지는 않으니까.
6. **puisque nous ne mangeons jamais nos revenus** : 우리는 결코 우리 수입을 다

particulièrement pénibles, parce qu'elles atteignaient sa vanité.

Il était commis principal au Ministère de la Guerre, demeuré là uniquement pour obéir à sa femme, pour augmenter les rentes inutilisées de la maison.

Or, pendant deux ans il vint au bureau avec le même parapluie rapiécé qui donnait à rire à ses collègues[7]. Las enfin de leurs quolibets, il exigea que Mme Oreille lui achetât un nouveau parapluie. Elle en prit un de dix-huit francs cinquante, article de réclame[8] d'un grand magasin. Les employés en apercevant cet objet jeté dans Paris par milliers, recommencèrent leurs plaisanteries, et Oreille en souffrit horriblement. Le parapluie ne valait rien. En trois mois il fut hors de service, et la gaieté devint générale dans le Ministère. On fit même une chanson qu'on entendait du matin au soir, du haut en bas de l'immense monument.

Oreille, exaspéré, ordonna à sa femme de lui choisir un nouveau riflard[9], en soie fine, de vingt francs, et d'apporter une facture justificative.

Elle en acheta un de dix-huit francs et déclara, rouge d'irritation, en le remettant à son époux:

— Tu en as là pour cinq ans au moins.

Oreille, triomphant, obtint un vrai succès au bureau.

Lorsqu'il rentra le soir, sa femme, jetant un regard inquiet sur le parapluie, lui dit:

— Tu ne devrais pas le laisser serré avec l'élastique, c'est le moyen de couper la soie. C'est à toi d'y veiller[10], parce que je ne t'en achèterai pas un de sitôt.

---

7. **donnait à rire à ses collègus** : 동료들의 웃음거리가 되었다
8. **article de réclame** : 광고용 싸구려 상품
9. **riflard** : parapluie 의 속어
10. **y veiller** : (우산이 상하지 않도록) 주의하다

Elle le prit, dégrafa l'anneau et secoua les plis. Mais elle demeura saisie d'émotion. Un trou rond, grand comme un centime lui apparut au milieu du parapluie. C'était une brûlure de cigare !

Elle balbutia:

— Qu'est-ce qu'il y a ?

Son mari répondit tranquillement, sans regarder:

— Qui, quoi ? que veux-tu dire ?

La colère l'étranglait maintenant; elle ne pouvait plus parler:

— Tu...tu...tu as brûlé...ton...ton...parapluie. Mais tu...tu ...es fou !... Tu veux nous ruiner !

Il se retourna se sentant pâlir:

— Tu dis ?

— Je dis que tu as brûlé ton parapluie. Tiens...[11]

Et, s'élançant vers lui comme pour le battre, elle lui mit violemment sous le nez la petite brûlure circulaire.

Il restait éperdu devant cette plaie, bredouillant:

— Ça, ça...qu'est-ce que c'est ? Je ne sais pas, moi ! Je n'ai rien fait, rien, je te le jure. Je ne sais pas ce qu'il a, moi, ce parapluie !

Elle criait maintenant:

— Je parie que tu as fait des farces[12] avec lui dans ton bureau, que tu as fait le saltimbanque[13], que tu l'as ouvert pour le montrer.

Il répondit:

— Je l'ai ouvert une seule fois pour montrer comme il était beau. Voilà tout, je te le jure.

---

11. **Tiens** : 자, 이것 보세요
12. **faire des farces** : 장난을 하다
13. **faire le saltimbanque** : 어릿광대같은 짓을 하다

Mais elle trépignait de fureur, et elle lui fit une de ces scènes conjugales qui rendent le foyer familial plus redoutable pour un homme pacifique qu'un champ de bataille où pleuvent les balles.

Elle ajusta une pièce avec un morceau coupé sur l'ancien parapluie, qui était de couleur différente; et, le lendemain Oreille partit, d'un air humble, avec l'instrument raccommodé. Il le posa dans son armoire et n'y pensa plus que comme on pense à quelque mauvais souvenir.

Mais à peine fut-il rentré, le soir, sa femme lui saisit son parapluie dans les mains, l'ouvrit pour constater son état et demeura suffoquée devant un désastre irréparable. Il était criblé de petits trous provenant évidemment de brûlures, comme si on eût vidé dessus la cendre d'une pipe allumée. Il était perdu, perdu sans remède.

Elle contemplait cela sans dire un mot, trop indignée pour qu'un son pût sortir de sa gorge. Lui aussi il constatait le dégât et il restait stupide, épouvanté, consterné.

Puis ils se regardèrent; puis il baissa les yeux; puis elle cria, retrouvant sa voix dans un emportement de fureur:

— Ah ! canaille ![14] Tu en as fait exprès ![15] Mais tu me le paieras ![16] Tu n'en auras plus !

Et la scène recommença. Après une heure de tempête, il put enfin s'expliquer. Il jura qu'il n'y comprenait rien; que cela ne pouvait provenir que de malveillance ou de vengeance.

Un coup de sonnette le délivra. C'était un ami qui devait dîner avec eux.

---

14. **canaille** : 악당, 부량배
15. **exprès** : 고의로, 일부러
16. **Mais tu me le paieras !** : 그렇지만 어디 두고 봅시다 !

Mme Oreille lui soumit le cas. Quant à acheter un nouveau parapluie, c'était fini, son mari n'en aurait plus.

L'ami argumenta avec raison:

— Alors, madame, il perdra ses habits qui valent certes d'avantage.

La petite femme, toujours furieuse, répondit:

— Alors il prendra un parapluie de cuisine[17], je ne lui en donnerai pas un nouveau en soie.

A cette pensée, Oreille se révolta.

— Alors je donnerai ma démission, moi! Mais je n'irai pas au Ministère avec un parapluie de cuisine.

L'ami reprit:

— Faites recouvrir celui-là, ça ne coûte pas très cher.

Mme Oreille exaspérée, balbutiait:

— Il faut au moins huit francs pour le recouvrir. Huit francs et dix-huit cela fait vingt-six! Vingt-six francs pour un parapluie, mais c'est de la folie! c'est de la démence!

L'ami, bourgeois pauvre, eut une inspiration.

— Faites-le payer par votre Assurance. Les compagnies paient les objets brûlés, pourvu que le dégât ait eu lieu dans votre domicile.

A ce conseil, la petite femme se calma net; puis, après une minute de réflexion, elle dit à son mari:

— Demain, avant de te rendre à ton Ministère, tu iras dans les bureaux de la Maternelle[18] faire constater l'état de ton parapluie et réclamer le payement.

M. Oreille eut un soubresaut.

— Jamais de la vie[19] je n'oserai! C'est dix-huit francs de

17. **parapluie de cuisine** : 집에서 쓰는 막 우산
18. **la Maternelle** : 보험회사명

perdus, voilà tout. Nous n'en mourrons pas.

Et il sortit le lendemain avec une canne. Il faisait beau heureusement.

Restée seule à la maison, Mme Oreille ne pouvait se consoler de la perte de ses dix-huit francs. Elle avait le parapluie sur la table de la salle à manger, et elle tournait autour, sans parvenir à prendre une décision.

La pensée de l'Assurance lui revenait à tout instant, mais elle n'osait pas non plus affronter les regards railleurs des messieurs qui la recevraient, car elle était timide devant le monde, rougissant pour un rien, embarrassée dès qu'il lui fallait parler à des inconnus.

Cependant le regret des dix-huit francs la faisait souffrir comme une blessure. Elle n'y voulait plus songer, et sans cesse le souvenir de cette perte la martelait douloureusement. Que faire cependant? Les heures passaient; elle ne se décidait à rien. Puis, tout à coup, comme les poltrons qui deviennent crânes, elle prit sa résolution:

— J'irai et nous verrons bien!

Mais il lui fallait d'abord préparer le parapluie pour que le désastre fût complet et la cause facile à soutenir. Elle prit une allumette sur la cheminée et fit, entre les baleines, une grande brûlure, large comme la main; puis elle roula délicatement ce qui restait de la soie, la fixa avec le cordelet élastique, mit son châle et son chapeau et descendit d'un pied pressé[20] vers la rue de Rivoli où se trouvait l'Assurance.

Mais à mesure qu'elle approchait, elle ralentissait le pas. Qu'allait-elle dire? Qu'allait-elle lui répondre?

Elle regardait les numéros des maisons. Elle en avait

---

19. **Jamais de la vie**: 절대로, 죽으면 죽었지
20. **d'un pied pressée**: 바쁜 걸음으로

encore vingt-huit. Très bien! Elle pouvait réfléchir. Elle allait de moins en moins vite. Soudain elle tressaillit. Voici la porte, sur laquelle brille en lettres d'or: La Maternelle, Compagnie d'Assurance contre l'Incendie. Déjà ! Elle s'arrêta une seconde, anxieuse, honteuse, puis passa, puis revint encore.

Elle se dit enfin:

— Il faut y aller pourtant ! Mieux vaut plus tôt que plus tard. Mais en pénétrant dans la maison, elle s'aperçut que son cœur battait. Elle entra dans une vaste pièce avec des guichets tout autour; et par chaque guichet on apercevait une tête d'homme dont le corps était caché par un treillage.

Un monsieur parut, portant des papiers. Elle l'arrêta et d'une petite voix timide:

— Pardon, monsieur, pourriez-vous me dire où il faut s'adresser pour se faire rembourser les objets brûlés ?

Il répondit avec un timbre sonore:

— Premier, à gauche. Au bureau des sinistres.

Ce mot l'intimida davantage encore: et elle eut envie de se sauver, de ne rien dire, de sacrifier ses dix-huit francs. Mais à la pensée de cette somme, un peu de courage lui revint et elle monta essoufflée, s'arrêtant à chaque marche.

Au premier, elle aperçut une porte; elle frappa. Une voix claire cria:

— Entrez !

Elle entra et se vit dans une grande pièce où trois messieurs, debout, décorés, solennels, causaient.

Un d'eux lui demanda:

— Que désirez-vous madame ?

Elle ne trouva plus ses mots, elle bégaya:

— Je viens... Je viens... pour un sinistre. Le monsieur, poli, montra un siège.

— Donnez-vous la peine de vous asseoir; je suis à vous[21] dans une minute.

Et retournant vers les deux autres, il reprit la conversation.

— La Compagnie, messieurs, ne se croit pas engagée envers vous pour plus de quatre cent mille francs que vous prétendez nous faire payer en plus, l'estimation d'ailleurs...

Un des deux autres l'interrompit:

— Ceci suffit, monsieur, les tribunaux décideront. Nous n'avons plus qu'à nous retirer.

Et ils sortirent avec plusieurs saluts cérémonieux.

Oh ! si elle avait osé partir avec eux, elle l'aurait fait; elle aurait fui, abandonnant tout ! mais le pouvait-elle ? Le monsieur revint et, s'inclinant:

— Qu'y a-t-il pour votre service[22], madame ?

Elle articula péniblement:

— Je viens pour ceci.

Le directeur baissa les yeux, avec un étonnement naïf, vers l'objet qu'elle lui tendait.

Elle essayait d'une main tremblante de détacher l'élastique. Elle y parvint après quelques efforts, et ouvrit brusquement le squelette loqueteux du parapluie.

L'homme prononça d'un ton compatissant:

— Il me paraît bien malade.

Elle déclara avec hésitation:

— Il m'a coûté vingt francs.

Il s'étonna:

— Vraiment ? Tant que ça ?

— Oui, il était excellent. Je voulais vous faire constater

---

21. **je suis à vous dans une minute:** 잠깐 기다려 주십시오(잠시 후에 당신의 일을 보아 드리겠읍니다).

22. **Qu'y a-t-il pour votre service ?:** 무슨 일이십니까 ? 무슨 일을 해 드릴까요 ?

son état.

— Fort bien[23]; je vois. Fort bien. Mais je ne saisis pas en quoi cela peut me concerner.

Une inquiétude la saisit. Peut-être cette compagnie-là ne payait-elle pas les menus objets, et elle dit:

— Mais...il est brûlé...

Le monsieur ne nia pas:

— Je le vois bien.

Elle restait bouche béante, ne sachant plus que dire; puis, soudain, comprenant son oubli, elle prononça avec précipitation:

— Je suis Mme Oreille. Nous sommes assurés à la Maternelle; et je viens vous réclamer le prix de ce dégât.

Elle se hâta d'ajouter dans la crainte d'un refus positif:

— Je demande seulement que vous le fassiez recouvrir.

Le directeur embarrassé, déclara:

— Mais...madame...nous ne sommes pas marchands de parapluies. Nous ne pouvons pas nous charger de ces genres de réparations.

La petite femme sentit l'aplomb lui revenir. Il fallait lutter. Elle lutterait donc ! Elle n'avait plus peur; elle dit:

— Je demande seulement le prix de la réparation. Je le ferai bien faire moi-même.

Le monsieur semblait confus:

— Vraiment, madame; c'est bien peu. On ne nous demande jamais d'indemnité pour des accidents d'une si minime importance. Nous ne pouvons rembourser, convenez-en, les mouchoirs, les gants, les balais, les savates, tous les petits objets qui sont exposés chaque jour à subir les avaries de la flamme.

---

23. **Fort bien**=Très bien

Elle devint rouge, sentant la colère l'envahir.

— Mais, monsieur, nous avons eu au mois de décembre dernier un feu de cheminée qui nous a causé au moins pour cinq cents francs de dégâts; M. Oreille n'a rien réclamé à la compagnie; aussi il est bien juste qu'elle me paye mon parapluie !

Le directeur, devinant le mensonge, dit en souriant:

— Vous avouerez, madame, qu'il est bien étonnant que M. Oreille, n'ayant rien demandé pour un dégât de cinq cents francs, vienne réclamer une réparation de cinq ou six francs pour un parapluie.

Elle ne se troubla point et répliqua:

— Pardon, monsieur, le dégât de cinq cents francs concernait la bourse de M. Oreille tandis que le dégât de dix-huit francs concerne la bourse de Mme Oreille, ce qui n'est pas la même chose.

Il vit qu'il ne s'en débarrasserait pas et qu'il allait perdre sa journée[24], et il demanda avec résignation:

— Veuillez me dire alors comment l'accident est arrivé.

Elle sentit la victoire et se mit à raconter:

— Voilà, monsieur ! J'ai dans mon vestibule une espèce de chose en bronze où l'on pose les parapluies et les cannes. L'autre jour donc, en rentrant, je plaçai dedans celui-là. Il faut vous dire qu'il y a juste au-dessus une planchette pour mettre les bougies et les allumettes. J'allonge le bras, je prends quatre allumettes. J'en frotte une; elle rate. J'en frotte une autre; elle s'allume et s'éteint aussitôt. J'en frotte une troisième; elle en fait autant.

Le directeur l'interrompit pour placer un mot d'esprit:

---

24. **perdre sa journée** : 하루를 허송하다.

— C'étaient donc des allumettes du gouvernement.

Elle ne sourit pas et continua:

— Ça se peut bien. Toujours est-il que la quatrième prit feu et j'allumai ma bougie; puis je rentrai dans ma chambre pour me coucher. Mais au bout d'un quart d'heure, il me sembla qu'on sentait le brûlé[25]. C'est probablement une allumette qui était tombée dedans. Vous voyez dans quel état ça l'a mis...

Le directeur en avait pris son parti; il demanda:

— A combien estimez-vous le dégât ?

Elle demeura sans parole, n'osant pas fixer un chiffre. Puis elle dit voulant être large:

— Faites-le réparer vous-même. Je m'en rapporte à vous[26]. Il refusa.

— Non, madame, je ne peux pas. Dites-moi combien vous demandez.

— Mais il me semble... que... Tenez, monsieur, je ne veux pas gagner sur vous, moi...nous allons faire une chose. Je porterai mon parapluie chez un fabricant qui le recouvrira en bonne soie, en soie durable, et je vous apporterai la facture... Ça vous va-t-il ?

— Parfaitement, madame: c'est entendu. Voici un mot pour la caisse[27], qui vous remboursera votre dépense.

Et il tendit une carte à Mme Oreille qui la saisit, puis se leva et sortit en remerciant, ayant hâte d'être dehors, de crainte qu'il ne changeât d'avis[28].

Elle allait maintenant d'un pas gai sur la rue, cherchant un marchand de parapluies qui lui parût élégant. Quand

---

25. **sentir le brûlé** : 타는 내가 나다
26. **s'en rapporter à...** : …에게 일임하다
27. **la caisse:** 출납창구
28. **de crainte qu'il ne changeât d'avis** : ne 는 허사. de crainte que 때문에 changeât 는 접속법 반과거.

elle eut trouvé une boutique, d'ailleurs riche, elle entra et dit d'une voix assurée:

— Voici un parapluie à recouvrir en soie, en très bonne soie. Mettez-y ce que vous avez de meilleur. Je ne regarde pas au prix.

◆ *Questionnaire*

1) Quelle était la qualité maîtresse de Mme Oreille?
2) Qui était le maître réel du logis?
3) De quoi se plaignait le mari de Mme Oreille?
4) Où travaille M. Oreille?
5) Pourquoi avait-il besoin d'un parapluie?
6) Quelle sorte de parapluie lui acheta Mme Oreille?
7) Qu'arriva-t-il au parapluie?
8) Quelle querelle de famille eut lieu?
9) Quel moyen d'arranger les choses l'ami suggéra-t-il?
10) Comment s'appelle la Compagnie d'Assurance?
11) Quels arguments Mme Oreille présenta-t-elle au directeur?
12) Le directeur la croit-il?
13) Pourquoi le directeur consent-il à lui payer une indemnité?

◆ *Devoirs*

1 ***Donnez un synonyme pour chaque mot suivant.***

1. économe
2. douleur
3. sortir
4. plaisanterie
5. bureau
6. colère
7. retourner
8. furieux
9. offrir
10. préparer
11. envie
12. fuir
13. venir
14. se hâter
15. peur

2 ***Donnez un antonyme pour chaque mot suivant.***

1. victoire
2. dormir
3. parole
4. riche
5. trouver
6. descendre

Le jongleur de Notre-Dame

Anatole France

I

Au temps du roi Louis,[1] il y avait en France un pauvre jongleur, natif de Compiègne,[2] nommé Barnabé, qui allait par les villes,[3] faisant des tours de force et d'adresse.[4]

Les jours de foire, il étendait sur la place publique un vieux tapis tout usé, et, après avoir attiré les enfants et les badauds par des propos plaisants qu'il tenait[5] d'un très vieux jongleur et auxquels il ne changeait jamais rien, il prenait des attitudes[6] qui n'étaient pas naturelles et il mettait une assiette d'étain en équilibre sur son nez. La foule le regardait d'abord avec indifférence.

Mais quand, se tenant sur les mains la tête en bas,[7] il jetait en l'air et ratrappait avec ses pieds six boules de cuivre qui brillaient au soleil, ou quand, se renversant jusqu'à ce que sa nuque touchât ses talons, il donnait à son corps la forme d'une roue parfaite et jonglait, dans cette posture, avec douze couteaux, un murmure d'admiration s'élevait dans l'assistance et les pièces de monnaie pleuvaient sur le tapis.

Pourtant, comme la plupart de ceux qui vivent de leurs

---

1. **Louis :** Louis 9세 또는 Saint Louis (Louis성왕). 재위 1226-1270
2. **Compiègne :** Paris 북동쪽에 있는 도시. Jeanne d'Arc가 영국군에게 생포된 곳
3. **par les villes**=de ville en ville
4. **tours de force et d'adresse :** 힘과 기술을 써서 부리는 재주
5. **qu'il tenait :** 그가 배운, 이어 받은
6. **attitudes**=postures. 자세
7. **la tête en bas :** 머리를 밑으로 하고

talents, Barnabé de Compiègne avait grand-peine à vivre.

Gagnant son pain[8] à la sueur de son front, il portait plus que sa part des misères attachées à la faute d'Adam, notre père.

Encore ne pouvait-il travailler autant qu'il aurait voulu. Pour montrer son beau savoir, comme aux arbres pour donner des fleurs et des fruits, il lui fallait la chaleur du soleil et la lumière du jour. Dans l'hiver, il n'était plus qu'un arbre dépouillé de ses feuilles et quasi mort. La terre gelée était dure au jongleur. Et, comme la cigale dont parle Marie de France,[9] il souffrait du froid et de la faim dans la mauvaise saison. Mais comme il avait le cœur simple, il prenait ses maux en patience.[10]

Il n'avait jamais réfléchi à l'origine des richesses, ni à l'inégalité des conditions humaines. Il comptait fortement que, si ce monde est mauvais, l'autre ne pourrait pas manquer d'être bon, et cette espérance le soutenait. Il n'imitait pas les baladins, larrons et mécréants, qui ont vendu leur âme au diable. Il ne blasphémait jamais le nom de Dieu; il vivait honnêtement, et, bien qu'il n'eût pas de femme, il ne convoitait pas celle du voisin, parce que la femme est l'ennemie des hommes forts, comme il apparaît par l'histoire de Samson,[11] qui est rapportée dans l'Écriture.

A la vérité, il n'avait pas l'esprit tourné aux désirs charnels, et il lui en coûtait plus[12] de renoncer aux brocs qu'aux

8. **Gagnant son pain à la sueur de son front** : Genèses Ⅲ, 19 참조
9. **Marie de France** : 12세기 후반의 여류시인. 우화시 (Fables), 단시 (Lais)를 썼다
10. **il prenait ses maux en patience** : 그는 불행을 참고 견디었다.
11. **Samson** : Dalila에게 배신당한 Samson의 이야기는 구약 사사기 XIII-XVI에 나온다.
12. **il lui en coûtait plus...qu'aux dames**=il lui en coûtait plus de renoncer aux brocs que de renoncer aux dames.

dames. Car, sans manquer à la sobriété, il tenait à boire quand il faisait chaud. C'était un homme de bien, craignant Dieu et très dévot à la sainte Vierge.

Il ne manquait jamais, quand il entrait dans une église, de s'agenouiller devant l'image de la mère de Dieu, et de lui adresser cette prière:

« Madame, prenez soin de ma vie jusqu'à ce qu'il plaise à Dieu que je meure, et quand je serai mort, faites-moi voir les joies du Paradis.»

II

Or, un certain soir, après une journée de pluie, tandis qu'il s'en allait, triste et courbé, portant sous son bras ses boules et ses couteaux cachés dans son vieux tapis, et cherchant quelque grange pour s'y coucher sans souper, il vit sur la route un moine qui suivait le même chemin, et le salua honnêtement. Comme ils marchaient du même pas, ils[13] se mirent à échanger des propos.

— Compagnon, dit le moine, d'où vient que[14] vous êtes habillé tout de vert ? Ne serait-ce point pour faire le personnage d'un fol dans quelque mystère ?[15]

— Non point, mon Père, répondit Barnabé, et je suis jongleur de mon état. Ce serait le plus bel état du monde si on y mangeait tous les jours.

— Ami Barnabé, reprit le moine, prenez garde à ce que vous dites. Il n'y a pas de plus bel état que l'état monastique. On y célèbre les louanges de Dieu, de la Vierge et des

---

13. **du même pas** : 같은 보조로
14. **d'où vient que**=pourquoi.
15. **mystère** : 중세의 신비극. 공연에서 어릿광대(fol)가 중요한 구실을 담당했다.

saints, et la vie du religieux est un perpétuel cantique au Seigneur.

Barnabé répondit:

— Mon Père, je confesse que j'ai parlé comme un ignorant. Votre état ne peut se comparer au mien et, quoiqu'il y ait du mérite à danser en tenant au bout du nez un denier en équilibre sur un bâton, ce mérite n'approche pas du vôtre. Je voudrais bien comme vous, mon Père, chanter tous les jours l'office, et spécialement l'office de la très sainte Vierge, à qui j'ai voué une dévotion particulière. Je renoncerais bien volontiers à l'art dans lequel je suis connu, de Soissons à Beauvais,[16] dans plus de six cents villages, pour embrasser la vie monastique.

Le moine fut touché de la simplicité du jongleur, et, comme il ne manquait pas de discernement, il reconnut en Barnabé un de ces hommes de bonne volonté de qui Notre Seigneur a dit: « Que la paix soit avec eux sur la terre ! »[17] C'est pourquoi il lui répondit:

— Ami Barnabé, venez avec moi, et je vous ferai entrer dans le couvent dont je suis prieur. Celui qui conduisit Marie l'Égyptienne[18] dans le désert m'a mis sur votre chemin pour vous mener dans la voie du salut.

C'est ainsi que Barnabé devint moine. Dans le couvent où il fut reçu, les religieux célébraient à l'envi[19] le culte de la sainte Vierge, et chacun employait à la servir tout le savoir

16. **Soissons, Beauvais** : Paris 북방에 있는 소읍들. Soissons은 불란서 북부의 Aisne 현에, Beauvais는 Oise 현에 있다.
17. **Que la paix...terre** : 누가복음 II, 14.
18. **Marie l'Egyptienne** : 요셉은 헤롯왕이 예수를 죽이려는 야심을 품었다는 말을 듣고 Marie와 아기예수를 데리고 에집트로 도피하여 헤롯왕이 죽을 때까지 거기서 머물렀다(마태복음 II, 14).
19. **à l'envi** : 겨루어, 앞을 다투어

et toute l'habileté que Dieu lui avait donnés.

Le prieur, pour sa part, composait des livres qui traitaient, selon les règles de la scolastique, des vertus de la mère de Dieu.

Le Frère Maurice copiait, d'une main savante, ces traités sur une feuille de velin.

Le Frère Alexandre y peignait de fines miniatures. On y voyait la Reine du ciel, assise sur le trône de Salomon,[20] au pied duquel veillent quatre lions; autour de sa tête nimbée voltigeaient sept colombes, qui sont les sept dons du Saint-Esprit;[21] dons de crainte, de piété, de science, de force, de conseil, d'intelligence et de sagesse. Elle avait pour compagnes six vierges aux cheveux d'or: l'Humilité, la Prudence, la Retraite, le Respect, la Virginité et l'Obéissance.

A ses pieds, deux petites figures nues et toutes blanches se tenaient dans une attitude suppliante. C'étaient des âmes qui imploraient, pour leur salut et non, certes, en vain, sa toute-puissante intercession.

Le Frère Alexandre représentait sur une autre page Ève en regard de Marie, afin qu'on vît en même temps la faute et la rédemption, la femme humiliée et la vierge exaltée. On admirait encore dans ce livre le Puits des eaux vives, la Fontaine, le Lis, la Lune, le Soleil et le Jardin clos[22] dont il est parlé dans le Cantique,[23] la Porte du Ciel et la Cité de Dieu, et c'étaient là des images de la Vierge.

Le Frère Marbode était semblablement un des plus tendres enfants de Marie.

---

20. **trône de Salmon** : 제왕열기 I, X, 18—20
21. **sept dons du Saint-Esprit** : 이사야서 XI, 2
22. **Jardin clos** : 구약, 아가 IV, 12
23. **le Cantique** : 구약, 아가 IV, 12

Il taillait sans cesse des images de pierre, en sorte qu'il avait la barbe, les sourcils et les cheveux blancs de poussière, et que ses yeux étaient perpétuellement gonflés et larmoyants; mais il était plein de force et de joie dans un âge avancé et, visiblement, la Reine du Paradis protégeait la vieillesse de son enfant. Marbode la représentait assise dans une chaire, le front ceint d'un nimbe à orbe perlé. Et il avait soin que les plis de la robe couvrissent les pieds de celle dont le prophète a dit: « Ma bien-aimée est comme un jardin clos.»

Parfois aussi il la figurait sous les traits d'un enfant plein de grâce, et elle semblait dire: « Seigneur, vous êtes mon Seigneur ! — *Dixi de ventre matris meae: Deus meus es tu.*» (Psalm 21, II.)

Il y avait aussi, dans le couvent, des poètes, qui composaient, en latin, des proses et des hymnes en l'honneur de la bienheureuse Vierge Marie, et même il s'y trouvait[24] un Picard qui mettait les miracles de Notre-Dame en langue vulgaire et en vers rimés.

III

Voyant un tel concours de louanges et une si belle moisson d'œuvres, Barnabé se lamentait de son ignorance et de sa simplicité.

— Hélas, soupirait-il en se promenant seul dans le petit jardin sans ombre du couvent, je suis bien malheureux de ne pouvoir, comme mes frères, louer dignement la Sainte Mère de Dieu à laquelle j'ai voué la tendresse de mon cœur. Hélas ! hélas ! je suis un homme rude et sans art, et je n'ai pour votre service, madame la Vierge, ni sermons édifiants,

24. **il s'y trouvait**=il y avait.

ni traités bien divisés selon les règles, ni fines peintures, ni statues exactement taillées, ni vers comptés par pieds et marchant en mesure. Je n'ai rien, hélas!

Il gémissait de la sorte et s'abandonnait à la tristesse. Un soir que les moines se récréaient en conversant, il entendit l'un d'eux conter l'histoire d'un religieux qui ne savait réciter autre chose qu'*Ave Maria.*[25] Ce religieux était méprisé pour son ignorance; mais, étant mort, il lui sortit de la bouche cinq roses en l'honneur des cinq lettres du nom de Marie, et sa sainteté fut ainsi manifestée.

En écoutant ce récit, Barnabé admira une fois de plus la bonté de la Vierge; mais il ne fut pas consolé par l'exemple de cette mort bienheureuse, car son cœur était plein de zèle et il voulait servir la gloire de sa dame qui est aux Cieux. Il en cherchait le moyen sans pouvoir le trouver[26] et il s'affligeait chaque jour davantage, quand un matin, s'étant réveillé tout joyeux, il courut à la chapelle et y demeura seul pendant plus d'une heure. Il y retourna l'après-dîner.[27]

Et, à compter de[28] ce moment, il allait chaque jour dans cette chapelle, à l'heure où elle était déserte, et il y passait une grande partie du temps que les autres moines consacraient aux arts libéraux et aux arts mécaniques. Il n'était plus triste et ne gémissait plus.

Une conduite si singulière éveilla la curiosité des moines.

On se demandait, dans la communauté, pourquoi le frère Barnabé faisait des retraites si fréquentes.

Le prieur dont le devoir est de ne rien ignorer de la con-

---

25. **autre chose qu'Ave Maria** : 아베 마리아 이외에는 아무것도
26. **sans pouvoir le trouver**=mais il ne pouvait le trouver
27. **l'après-dîner**=dans l'après-midi
28. **à compter de**=à partir de

duite de ses religieux, résolut d'observer Barnabé pendant ses solitudes. Un jour donc que celui-ci était renfermé, comme à son ordinaire[29], dans la chapelle, dom[30] prieur vint, accompagné de deux anciens du couvent, observer, à travers les fentes de la porte, ce qui se passait à l'intérieur.

Ils virent Barnabé qui, devant l'autel de la sainte Vierge, la tête en bas, les pieds en l'air, jonglait avec six boules de cuivre et douze couteaux. Il faisait en l'honneur de la sainte Mère de Dieu, les tours qui lui avaient valu le plus de louanges. Ne comprenant pas que cet homme simple mettait ainsi son talent et savoir au service de la sainte Vierge, les deux anciens criaient au sacrilège.[31]

Le prieur savait que Barnabé avait l'âme innocente; mais il le croyait tombé en démence.[32] Ils s'apprêtaient tous trois à le tirer vivement de la chapelle, quand ils virent la sainte Vierge descendre les degrés de l'autel pour venir essuyer d'un pan de son manteau bleu la sueur qui dégouttait du front de son jongleur.

Alors le prieur, se prosternant le visage contre la dalle, récita ces paroles:

— Heureux les simples,[33] car ils verront Dieu !

— Amen ! répondirent les anciens en baisant la terre.

---

29. **comme à son ordinaire** : 평소 처럼
30. **dom**=maître 라는 뜻의 라틴어 dominus 의 생략형. 지위 높은 성직자에 대한 경칭
31. **criaient au sacrilège** : 신성모독행위라고 소리쳤다.
32. **tombé en démence** : 정신착란에 빠진. le 의 속사
33. **Heureux les simples**=Heureux sont les simples

◆ *Questionnaire*

1) Comment s'appelle le jongleur?
2) Où naquit-il?
3) Comment gagnait-il sa vie?
4) En hiver gagnait-il moins qu'en été?
5) Barnabé aurait-il voulu se marier?
6) Espérait-il que l'autre monde serait meilleur que celui-ci?
7) Etait-il heureux d'être jongleur?
8) Comment le jongleur honorait-il la Vierge?
9) Qu'allait-il faire à la chappelle tous les jours?
10) Que pense le prieur en voyant les actes de Barnabé à la chapelle?

◆ *Devoirs*

Traduisez en français et écrivez une phrase complète en français avec chacune des expressions suivantes.

1. 그는 기도하기 시작했다.
2. 당신이 말하는 것에 조심하시오.
3. "평화가 땅 위에서 그들과 함께 있으라!"
4. 그토록 괴상한 행동이 그의 친구들의 호기심을 일으켰다.
5. 그녀는 와서 자기 아들의 이마에서 방울져 떨어지는 땀을 그녀의 파탄 단또 자락으로 닦았다.

Au centre du désert

Antoine de Saint-Exupéry

Fin décembre 1935, à bord d'un "Simoun," appareil des plus modernes à l'époque, Saint-Exupéry tente le raid Paris-Saïgon. Croyant être dans la région du Caire, trompé par une lueur, il heurte le sol et son avion est détruit. En fait, il est à deux cents kilomètres en deçà du Caire, dans un des déserts les plus hostiles, où il se trouve perdu avec son mécanicien Prévot. Après leurs reconnaissances autour de l'avion, ils se mettent en marche dans l'espoir de chercher le secours.

Nous décidons, au coucher du soleil, de camper. Je sais bien que nous devrions marcher encore; cette nuit sans eau nous achèvera. Mais nous avons emporté avec nous les panneaux de toile du parachute. Il faut étendre nos pièges à rosée[1], une fois encore, sous les étoiles.

Mais au Nord, le ciel est ce soir pur de nuages. Mais le vent a changé de goût. Il a changé aussi de direction. Nous sommes frôlés déjà par le souffle chaud du désert. C'est le réveil du fauve! Je le sens qui nous lèche les mains et le visage...

Mais si je marche encore je ne ferai pas dix kilomètres. Depuis trois jours, sans boire, j'en ai couvert plus de cent quatre-vingts...

Mais à l'instant de faire halte:

— Je vous jure que c'est un lac, me dit Prévot.

— Vous êtes fou!

1. **pièges à rosée**: 이슬을 받는 도구, 즉 낙하산의 천

— A cette heure-ci, au crépuscule, cela peut-il être un mirage ?

Je ne réponds rien. J'ai renoncé, depuis longtemps, à croire mes yeux. Ce n'est pas un mirage, peut-être, mais alors, c'est une invention de notre folie. Comment Prévot croit-il encore ?

— C'est à vingt minutes[2], je vais aller voir...

Cet entêtement m'irrite.

— Allez voir, allez prendre l'air...c'est excellent pour la santé. Mais s'il existe votre lac, il est salé, sachez-le bien. Salé ou non, il est au diable[3]. Et par-dessus tout il n'existe pas.

Prévot, les yeux fixes, s'éloigne déjà. Je les connais ces attractions souveraines ![4] Et moi je pense: « Il y a aussi des somnambules qui vont se jeter droit sous les locomotives.» Je sais que Prévot ne reviendra pas. Ce vertige du vide le prendra et il ne pourra plus faire demi-tour[5]. Et il tombera un peu plus lion... Et il mourra de son côté et moi du mien. Et tout cela a si peu d'importance !

Je n'estime pas d'un très bon augure cette indifférence qui m'est venue. Mais j'en profite pour écrire une lettre posthume, à plat ventre sur les pierres. Ma lettre est très belle, très digne. J'y prodigue de sages conseils. J'éprouve à la relire un vague plaisir de vanité. On dira d'elle: « Voilà une admirable lettre posthume ! Quel dommage qu'il soit mort ! »[6]

---

2. **C'est à vingt minutes** : 이십분 밖에 안걸리는 거리입니다
3. **il est au diable**=il est très loin
4. **souveraines**=irrésistibles. 어쩔 수 없는
5. **demi-tour** : 뒤로 돌기
6. **qu'il soit mort** : Quel dommage 라는 감정의 표현 때문에 접속법

Je voudrais aussi connaître où j'en suis[7]. J'essaie de former de la salive; depuis combien de temps n'ai-je pas craché ? Je n'ai plus de salive. Si je garde la bouche fermée, une matière gluante scelle mes lèvres. Elle sèche et forme, au dehors, un bourrelet dur. Cependant, je réussis encore mes tentatives de déglutition. Et mes yeux ne se remplissent point encore de lumières. Quand ce radieux spectacle me sera offert, c'est que j'en aurai pour deux heures[8].

Il fait nuit. La lune a grossi depuis l'autre[9] nuit. Prévot ne revient pas. Je suis allongé sur le dos et je mûris[10] ces évidences. Je retrouve en moi une vieille impression. Je cherche à la définir. Je suis... Je suis...embarqué ! Je me rendais en Amérique du Sud, je m'étais étendu sur le pont supérieur. La pointe du mât se promenait de long en large, très lentement, parmi les étoiles. Il manque ici un mât, mais je suis embarqué quand même, vers une destination qui ne dépend plus de mes efforts. Des négriers m'ont jeté, lié, sur un navire.

Je songe à Prévot qui ne revient pas. Je ne l'ai pas entendu se plaindre une seule fois. C'est très bien. Il m'eût été insupportable d'entendre geindre. Prévot est un homme.

Ah ! à cinq cents mètres de moi le voilà qui agite sa lampe ! Il a perdu mes traces ! je n'ai pas de lampe pour lui répondre, je me lève, je crie, mais il n'entend pas...

Une seconde lampe s'allume à deux cents mètres de la sienne, une troisième lampe. Mon Dieu, c'est une battue et l'on me cherche.

---

7. **où j'en suis** : 내가 빠져 있는 상태
8. **pour** : 예정시간을 나타내는 전치사
9. **l'ature nuit** : 지난 밤, 어제 밤
10. **je mûris** : 나는 숙고한다

Je crie:

— Ohé !

Mais on ne m'entend pas.

Les trois lampes poursuivent leurs signaux d'appel. Je ne suis pas fou ce soir. Je me sens bien. Je suis en paix. Je regarde avec attention. Il y a trois lampes à cinq cents mètres.

— Ohé !

Mais on ne m'entend toujours[11] pas.

Alors je suis pris d'une courte panique. La seule que je connaîtrai. Ah ! je puis encore courir: « Attendez... Attendez... » Ils vont faire demi-tour ! Ils vont s'éloigner, chercher ailleurs, et moi je vais tomber sur le seuil de la vie, quand il était des bras[12] pour me recevoir !...

— Ohé ! Ohé !

— Ohé !

Ils m'ont entendu. Je suffoque mais je cours encore. Je cours dans la direction de la voix: « Ohé ! » J'aperçois Prévot et je tombe.

— Ah ! Quand j'ai aperçu toutes ces lampes !

— Quelles lamps ?

C'est exact, il est seul. Cette fois je n'éprouve aucun désespoir, mais une sourde colère.

— Et votre lac ?

— Il s'éloignait quand j'avançais. Et j'ai marché vers lui pendant une demi-heure. Après une demi-heure il était trop loin. Je suis revenu. Mais je suis sûr maintenant que c'est un lac...

---

11. **toujours** : 여전히
12. **quand il était des bras**=quand il y avait des bras.

— Vous êtes fou, absolument fou. Ah ! pourquoi avez-vous fait cela ?... Pourquoi ?

Qu'a-t-il fait ? Pourquoi l'a-t-il fait ? Je pleurerais[13] d'indignation, et j'ignore pourquoi je suis indigné. Et Prévot m'explique d'une voix qui s'étrangle:

— J'aurais tant voulu trouver à boire... Vos lèvres sont tellement blanches !

Ah ! ma colère tombe... Je passe ma main sur mon front, comme si je me réveillais, et je me sens triste. Et je raconte doucement:

— J'ai vu, comme je vous vois, j'ai vu clairement, sans erreur possible, trois lumières... Je vous dis que je les ai vues, Prévot !

Prévot se tait d'abord:

— Eh oui, avoue-t-il enfin, ça va mal.

La terre rayonne vite sous cette atmosphère sans vapeur d'eau. Il fait déjà très froid. Je me lève et je marche. Mais bientôt je suis pris d'un insupportable tremblement. Mon sang déshydraté circule très mal, et un froid glacial me pénètre, qui n'est pas seulement le froid de la nuit. Mes mâchoires claquent et tout mon corps est agité de soubresauts. Je ne puis plus me servir d'une lampe électrique tant ma main la secoue. Je n'ai jamais été sensible au froid, et cependant je vais mourir de froid, quel étrange effet de la soif !

J'ai laissé tomber mon caoutchouc quelque part, las de le porter dans la chaleur. Et le vent peu à peu empire[14]. Et je découvre que dans le désert il n'est point de refuge. Le

13. **Je pleurerais d'indignation** : 나는 분개해서 울기라도 하겠다.
14. **empire** : 더욱 심해진다

désert est lisse comme un marbre. Il ne forme point d'ombre pendant le jour, et la nuit il vous livre tout nu au vent. Pas un arbre, pas une haie, pas une pierre qui m'eût abrité. Le vent me charge comme une cavalerie en terrain découvert. Je tourne en rond pour le fuir. Je me couche et je me relève. Couché ou debout je suis exposé à ce fouet de glace. Je ne puis courir, je n'ai plus de forces, je ne puis fuir les assassins et je tombe à genoux, la tête dans les mains, sous le sabre !

Je m'en rends compte un peu plus tard; je me suis relevé, et je marche droit devant moi, toujours grelottant. Où suis-je ? Ah ! Je viens de partir, j'entends Prévot ! Ce sont ses appels qui m'ont réveillé...

Je reviens vers lui, toujours agité par ce tremblement, par ce hoquet de tout le corps[15]. Et je me dis: « Ce n'est pas le froid. C'est autre chose. C'est la fin.» Je me suis déjà trop déshydraté. J'ai tant marché, avant-hier, et hier quand j'allais seul.

Cela me peine de finir par le froid. Je préférerais mes mirages intérieurs. Cette croix[16], ces arabes, ces lampes. Après tout, cela commençait à m'intéresser. Je n'aime pas être flagellé comme un esclave.

Me voici encore à genoux.

Nous avons apporté un peu de pharmacie. Cent grammes d'éther pur, cent grammes d'alcool à 90, mais cela me ferme la gorge.

Je creuse une fosse dans le sable, je m'y couche, et je me recouvre de sable. Mon visage seul émerge. Prévot a décou-

---

15. **hoquet de tout le corps** : 전신으로 하는 딸꾹질, 경련
16. **croix...arabes** : 작가가 노예선을 타고 남아메리카를 여행한 환각. 십자가는 돗대의 가름대로 만들어지고 아랍인들은 노예상인들.

uvert des brindilles et allume un feu dont les flammes seront vite taries. Prévot refuse de s'enterrer sous le sable. Il préfère battre la semelle[17]. Il a tort.

Ma gorge demeure serrée, c'est mauvais signe, et cependant je me sens mieux. Je me sens calme au delà de toute espérance. Je m'en vais malgré moi en voyage, ligoté sur le vent de mon vaisseau de négriers sous les étoiles. Mais je ne suis peut-être pas très malheureux...

Je ne sens plus le froid, à condition de ne pas remuer un muscle. Alors j'oublie mon corps endormi sous le sable. Je ne bougerai plus, et ainsi je ne souffrirai plus jamais. D'ailleurs véritablement l'on souffre si peu... Il y a derrière tous ces tourments, l'orchestration de la fatigue et du délire. Et tout se change en livres d'images, en conte de fées un peu cruel... Tout ce torrent d'images m'emporte, je le sens, vers un songe tranquille; les fleuves se calment dans l'épaisseur de la mer.

Adieu, vous[18] que j'aimais. Ce n'est pas ma faute si le corps humain ne peut résister trois jours sans boire. Je ne me croyais pas ainsi prisonnier des fontaines. Je ne soupçonnais pas une aussi courte autonomie. On croit que l'homme peut s'en aller devant soi[19]. On croit que l'homme est libre... On ne voit pas la corde qui le rattache au puits, qui le rattache comme un cordon ombilical, au ventre de la terre. S'il fait un pas de plus, il meurt.

A part votre souffrance je ne regrette rien. Tout compte fait[20], j'ai eu la meilleure part. Si je rentrais, je recommen-

---

17. **battre la semelle** : 몸을 덥게 하기 위해서 발을 구르다
18. **vous** : 아내에게 하는 말
19. **s'en aller devant soi** : 자기의 길을 마음대로 나아가다
20. **Tout compte fait** : 결국

cerais. J'ai besoin de vivre. Dans les villes il n'y a plus de vie humaine.

Il ne s'agit point ici d'aviation. L'avion, ce n'est pas une fin, c'est un moyen. Ce n'est pas pour l'avion que l'on risque sa vie. Ce n'est pas non plus pour sa charrue que le paysan laboure. Mais, par l'avion, on quitte la ville et leurs comptables, et l'on retrouve une vérité paysanne.

On fait un travail d'homme et l'on connaît des soucis d'homme. On est en contact avec les étoiles, avec la nuit, avec le sable, avec la mer. On attend l'escale comme une terre promise, et l'on cherche sa vérité dans les étoiles.

Je ne me plaindrai pas. Depuis trois jours, j'ai marché, j'ai eu soif, j'ai suivi des pistes dans le sable, j'ai fait de la rosée mon espérance. J'ai cherché à joindre mon espèce, dont j'avais oublié où elle logeait sur la terre. Et ce sont des soucis de vivants. Je ne regrette rien. J'ai joué, j'ai perdu. C'est dans l'ordre de mon métier. Mais, tout de même[21], j'ai respiré le vent de la mer.

Ceux qui l'ont goûté une fois n'oublient pas cette nourriture. N'est-ce pas mes camarades? Et il ne s'agit pas de vivre dangereusement. Cette formule est prétentieuse. Les toréadors ne me plaisent guère. Ce n'est pas le danger que j'aime. C'est la vie.

Il me semble que le ciel va blanchir. Je sors un bras du sable. J'ai un panneau à la portée de la main, je le tâte mais il reste sec. Attendons. La rosée se dépose à l'aube. Mais l'aube blanchit sans mouiller nos linges. Alors mes réflexions s'embrouillent un peu et je m'entends dire: « Il y a ici un cœur sec...un cœur sec...un cœur sec qui ne sait point former de

21. **tout de même**=quand même. 그렇지만

larmes !... »

— En route Prévot ! Nos gorges ne sont pas fermées encore, il faut marcher.

Il souffle ce vent d'ouest qui sèche l'homme en dix-neuf heures. Mon œsophage n'est pas fermé encore, mais il est dur et douloureux. J'y devine déjà quelque chose qui racle. Bientôt commencera cette toux que l'on m'a décrite, et que j'attends. Ma langue me gêne. Mais le plus grave est que j'aperçois déjà des taches brillantes. Quand elles se changeront en flammes, je me coucherai.

Nous marchons vite. Nous profitons de la fraîcheur du petit jour[22]. Nous savons bien qu'au grand soleil, comme l'on dit, nous ne marcherons plus. Au grand soleil.

Nous n'avons pas le droit de transpirer. Ni même celui d'attendre. Cette fraîcheur n'est qu'une fraîcheur à dix-huit pour cent d'humidité. Ce vent qui souffle vient du désert. Et sous cette caresse menteuse et tendre, notre sang s'évapore.

Nous avons mangé un peu de raisin le premier jour. Depuis trois jours, une demi-orange et une moitié de madeleine. Avec quelle salive eussions-nous mâché notre nourriture ? Mais je n'éprouve aucune faim, je n'éprouve que la soif, j'éprouve les effets de la soif. Cette gorge dure. Cette langue de plâtre. Ce raclement et cet affreux goût dans la bouche. Ces sensations-là sont nouvelles pour moi. Sans doute l'eau les guérirait-elle, mais je n'ai pas de souvenirs qui leur associent ce remède. La soif devient de plus en plus une maladie et de moins en moins un désir.

Il me semble que les fontaines et les fruits m'offrent déjà des images moins déchirantes. J'oublie le rayonnement de

22. **petit jour** : 새벽

l'orange, comme il me semble avoir oublié mes tendresses. Déjà peut-être j'oublie tout.

Nous nous sommes assis, mais il faut repartir. Nous renonçons aux longues étapes. Après cinq cents mètres de marche nous croulons de fatigue. Et j'éprouve une grande joie à m'étendre. Mais il faut repartir.

Le paysage change. Les pierres s'espacent. Nous marchons maintenant sur du sable. A deux kilomètres devant nous, des dunes. Sur ces dunes quelques taches de végétation basse. A l'armure d'acier[23], je préfère le sable. C'est le désert blond. C'est le Sahara. Je crois le reconnaître...

Maintenant nous nous épuisons en deux cents mètres.

Nous allons marcher, tout de même, au moins jusqu'à ces arbustes. C'est une limite extrême.

Hier, je marchais sans espoir. Aujourd'hui, nous marchons parce que nous marchons. Ainsi des bœufs sans doute, au labour[24]. Je rêvais hier à des paradis d'orangers. Mais aujourd'hui, il n'est plus, pour moi, de paradis. Je ne crois plus à l'existence des oranges.

Je ne découvre plus rien en moi, sinon une grande sécheresse de cœur. Je vais tomber et je ne connais point le désespoir. Je n'ai même pas de peine. Je le regrette; le chagrin me semblerait doux comme l'eau. On a pitié de soi et l'on se plaint comme un ami. Mais je n'ai plus d'ami au monde.

Quand on me retrouvera, les yeux brûlés, on imaginera que j'ai beaucoup appelé et beaucoup souffert. Mais les élans, mais les regrets, mais les tendres souffrances, ce sont

---

23. **armure j'acier** : 강철 장갑판. 여기서는 사막의 암층에 대한 비유적표현
24. **au labour** : 밭가는

encore des richesses. Et moi je n'ai plus de richesses. Les fraîches jeunes filles, au soir de leur premier amour, connaissent le chagrin et pleurent. Le chagrin est lié aux frémissements de la vie. Et moi je n'ai plus de chagrin...

Le désert, c'est moi. Je ne forme plus de salive, mais je ne forme plus, non plus[25], les images douces vers lesquelles j'aurais pu gémir. Le soleil a séché en moi la source des larmes.

Et cependant, qu'ai-je aperçu ? Un souffle d'espoir a passé sur moi comme une risée sur la mer. Quel est le signe qui vient d'alerter mon instinct avant de frapper ma conscience ? Rien n'a changé, et cependant tout a changé. Cette nappe de sable, ces tertres et ces légères plaques de verdure ne composent plus un paysage, mais une scène. Une scène vide encore, mais toute préparée. Je regarde Prévot. Il est frappé du même étonnement que moi mais il ne comprend pas non plus ce qu'il éprouve.

Je vous jure qu'il va se passer quelque chose...

Je vous jure que le désert s'est animé. Je vous jure que cette absence, que ce silence sont tout à coup plus émouvants qu'un tumulte de place publique...

Nous sommes sauves, il y a des traces dans le sable !...

Ah ! nous avions perdu la piste de l'espèce humaine, nous étions tranchés d'avec la tribu, nous nous étions retrouvés seuls au monde, oubliés par une migration universelle, et voici que nous découvrons, imprimés dans le sable, les pieds miraculeux de l'homme.

— Ici, Prévot, deux hommes se sont séparés...

— Ici, un chameau s'est agenouillé...

---

25. **non plus :** …도

Et cependant, nous ne sommes point sauvés encore. Il ne nous suffit pas d'attendre. Dans quelques heures, on ne pourra plus nous secourir. La marche[26] de la soif, une fois la toux commencée, est trop rapide. Et notre gorge...

Mais je crois en cette caravane, qui se balance quelque part, dans le désert.

Nous avons donc marché encore, et tout à coup j'ai entendu le chant du coq. Prévot m'a saisi le bras:

— Vous avez entendu ?

— Quoi ?

— Le coq !

— Alors... Alors...

Alors, bien sûr, imbécile, c'est la vie.

J'ai une dernière hallucination; celle de trois chiens qui se poursuivaient. Prévot qui regardait aussi, n'a rien vu. Mais nous sommes deux à tendre les bras vers ce Bédouin. Nous sommes deux à user[27] vers lui le souffle de nos poitrines. Nous sommes deux à rire de bonheur !...

Mais nos voix ne portent pas à trente mètres. Nos cordes vocales sont déjà sèches. Nous nous parlions tout bas[28] l'un à l'autre, et nous ne l'avions même pas remarqué !

Mais ce Bédouin et son chameau, qui viennent de se démasquer de derrière le tertre, voilà que lentement, lentement, ils s'éloignent. Peut-être cet homme est-il seul. Un démon cruel nous l'a montré et le retire...

Et nous ne pourrions plus courir !

Un autre arabe apparaît de profil sur la dune. Nous hurlons, mais tout bas. Alors, nous agitons les bras et nous

---

26. **La marche** : 진행, 더해 가는 것
27. **à user** : 다 써버리다
28. **tout bas** : 아주 낮은 소리로, 소근거리듯이

avons l'impression de remplir le ciel de signaux immenses. Mais ce Bédouin regarde toujours vers la droite...

Et voici que, sans hâte, il a amorcé un quart de tour. A la seconde même où il regardera vers nous, il aura déjà effacé en nous la soif, la mort et les mirages. Il a amorcé un quart de tour qui, déjà, change le monde. Par un mouvement de son seul buste, par la promenade de son seul regard, il crée la vie, et il me paraît semblable à un dieu...

C'est un miracle... Il marche vers nous sur le sable, comme un dieu sur la mer...

L'arabe nous a simplement regardés. Il a pressé des mains, sur nos épaules, et nous lui avons obéi. Nous nous sommes étendus. Il n'y a plus ni races, ni langages, ni divisions... Il y a ce nomade pauvre qui a posé sur nos épaules des mains d'archange.

Nous avons attendu, le front dans le sable. Et maintenant, nous buvons à plein ventre, la tête dans la bassine, comme des veaux. Le Bédouin s'en effraie et nous oblige, à chaque instant, à nous interrompre. Mais dès qu'il nous lâche, nous replongeons notre visage dans l'eau.

L'eau !

Eau, tu n'as ni goût, ni couleur, ni arome, on ne peut pas te définir, on te goûte, sans te connaître. Tu n'es pas nécessaire à la vie; tu es la vie. Tu nous pénètres d'un plaisir qui ne s'explique point par les sens. Avec toi rentrent en nous tous les pouvoirs auxquels nous avions renoncé. Par ta grâce, s'ouvrent en nous toutes les sources taries de notre cœur.

Tu es la plus grande richesse qui soit au monde, et tu es aussi la plus délicate, toi si pure au ventre de la terre. On peut mourir sur une source d'eau magnésienne. On peut mourir à deux pas d'un lac d'eau salée. On peut mourir malgré deux litres de rosée qui retiennent en suspens quelques sels. Tu n'acceptes point de mélange, tu ne supportes point d'altération, tu es une ombrageuse[29] divinité.

Mais tu répands en nous un bonheur infiniment simple.

Quant à toi qui nous sauves, Bédouin de Lybie, tu t'effaceras cependant à jamais de ma mémoire. Je ne me souviendrai jamais de ton visage. Tu es l'Homme[30] et tu m'apparais avec le visage de tous les hommes à la fois. Tu ne nous as jamais dévisagés et déjà tu nous as reconnus. Tu es le frère bien-aimé. Et, à mon tour, je te reconnaîtrai dans tous les hommes.

Tu m'apparais baigné de noblesse et de bienveillance, grand Seigneur qui as le pouvoir de donner à boire. Tous mes amis, tous mes ennemis en toi marchent vers moi, et je n'ai plus un seul ennemi au monde.

---

29. **ombrageuse**=jalouse
30. **l'Homme**=l'Humanité

◆ *Questionnaire*

1) Où se décide-t-on à camper?
2) Que prétend-on attraper dans les panneaux du parachute?
3) Combien de jours les hommes ont-ils passés sans boire?
4) Que Prévot croit-il boire?
5) Dans quelles conditions Saint-Exupéry écrit-il cette lettre?
6) Que pense-t-il de la lettre qu'il écrit?
7) Combien d'heures Saint-Exupéry pense-t-il vivre?
8) Saint-Exupéry voit-il vraiment des lampes?
9) Pourquoi a-t-il froid? Pourquoi se couvre-t-il de sable?
10) Le corps humain peut-il résister longtemps à la soif?
11) Saint-Exupéry préfère-t-il le danger à la vie?
12) Que mangèrent-ils le premier jour?
13) Quelles pensées eurent les deux hommes en voyant des pas sur le sable?
14) Qui trouve les hommes perdus dans le sable?
15) De quelle manière le Bédouin les sauve-t-il de la mort?
16) De quelle manière le Bédouin est-il pour eux un frère?
17) Quelle leçon de fraternité peut-on tirer de cette histoire?

◆ *Devoirs*

Traduisez les mots entre parenthèses.

1. (*Tout compte fait*), j'a eu la meilleure part.
2. (*Tout de même*) j'ai respiré le vent de la mer.
3. (*Il fait déjà très froid*) mais je n'ai jamais été sensible au froid.
4. Je voudrais aussi connaître (*où j'en suis*).
5. (*S'il fait un pas de plus*), il meurt.
6. (*Il ne s'agit pas*) de vivre dangereusement.

이우동 대구가톨릭대 교수 역임
김용훈 성균관대학교 교수 역임
이 환 서울대학교 교수 역임
정병희 이화여자대학교 교수 역임
정순철 경성대학교 교수 역임
홍승오 서울대학교 교수 역임

Cours Complet de Français Vivant

초판 1쇄 발행 _ 1975년 2월 25일
초판 11쇄 발행 _ 2014년 3월 10일

저 자 • 이우동,김용훈,이환,정병희,정순철,홍승오
발행인 • 정 현 걸
발 행 • 신 아 사
인 쇄 • 예지인쇄
주 소 • 서울특별시 은평구 녹번동 59길 4 (122–826)
전 화 • (02) 382-6411 팩 스 • (02) 382-6401
홈페이지 • www.shinasa.co.kr
E-mail • shinasa@daum.net
출판등록 • 1956년 1월 5일 (제 9-52호)

ISBN: 89-86964-40-6

정가 *12,000* 원